개혁자의 길
&
경건주의 여행

권영진 지음

개혁자의 길 & 경건주의 여행

지은이 | 권영진

펴낸이 | 원성삼

책임편집 | 김지혜

본문 및 표지디자인 | 이세영

펴낸곳 | 예영커뮤니케이션

초판 1쇄 발행 | 2020년 4월 20일

등록일 | 1992년 3월 1일 제 2-1349호

주소 | 04018 서울시 마포구 동교로 55 2층(망원동, 남양빌딩)

전화 | (02) 766-8931

팩스 | (02) 766-8934

홈페이지 | www.jeyoung.com

ISBN 979-11-89887-23-0 (03230)

값 10,000원

이 도서의 국립중앙도서관 출판예정도서목록(CIP)은 서지정보유통지원시스템 홈페이지
(http://seoji.nl.go.kr)와 국가자료공동목록시스템(http://www.nl.go.kr/kolis-
net)에서 이용하실 수 있습니다.(CIP제어번호: CIP2020014163)

모든 인간은 하나님의 형상을 닮은 존귀한 존재입니다. 사람은 인종, 민족, 피부색,
문화, 언어에 관계없이 모두 다 존귀합니다. 예영커뮤니케이션은 이러한 정신에
근거해 모든 인간이 존귀한 삶을 사는 데 필요한 지식과 문화를 예수 그리스도의 사랑으로
보급함으로써 우리가 속한 사회에 기여하고자 합니다.

■이 제작물은 아모레퍼시픽의 아리따글꼴을 사용하여 디자인 되었습니다.

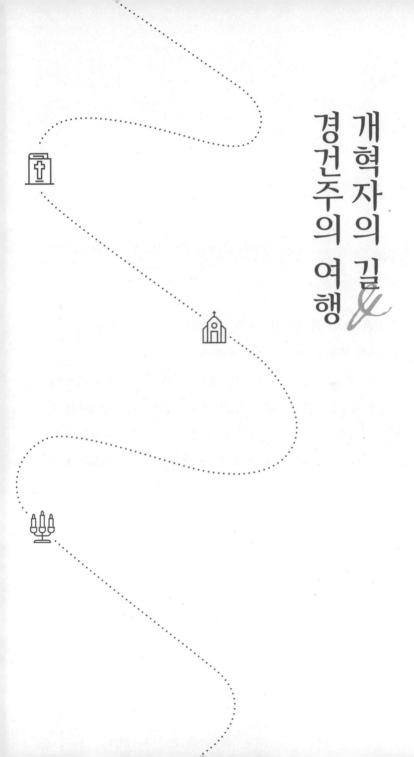

개혁자의 길
&
경건주의 여행

추천사

이 책은 골목골목 감추어진 독일 종교개혁 역사의 현장으로 독자를 인도하여 그곳에 숨어 있는 이야기를 캐내어 들려준다.

이 책의 저자는 오랫동안 독일인 대학생에게 성경과 삶을 나누며, 일상에 성경을 스며들게 하여 신실하게 담아내는 사역으로 젊음을 바쳐 치열하게 헌신해 온 선교사다. 이제 그가 한국인 독자를 위해서 삶 속에 성경을 담아낸 교회 개혁자들의 자취를 소개하는 책을 펴냈다.

독일의 종교개혁 유적지를 답사하려는 분에게 이 책은 탁월한 여행 안내서이다. 역사가 스며든 독일 여행을 거실에 앉아서 맛보려는 분들에게도 이 책을 권한다.

_신현우, 총신대학교 신학대학원 신약학 교수

◆ ◇ ◆

독일에서 30여 년을 넘게 살면서 끊임없이 마르틴 루터의 발자취를 따라 실제로 답사하며 그의 생애를 탐구해 온 저자가 복잡한 다른 전기와는 달리 일목요연하게 정리한 마르틴 루터의 신앙과 삶의 여정, 풍부한 관련 사진과 글을 따라가다 보면 저자의 안내로 마르틴 루터 종교개혁의 길을 알차게 돌아보는 여행을 다녀온 느낌이 든다. 그런 면에서 마르틴 루터 종교개혁 여행 가이드로도 충분히 활용 가치가 있는 책이다.

_조성기, 산울교회 사역자, 소설가

◆ ◇ ◆

역사 현장을 볼 수 있는 기회가 있다면 누구나 당시의 상황을 소상하게 알려 주는 가이드가 있기를 소망할 것이다. 가이드도 가이드 나름이다. 역사뿐만 아니라 당시 현장에서 일어난 일이 마치 자신이 겪은 일처럼 느낄 수 있는 가이드만이 최고의 가이드라고 할 수 있다. 이 가이드북의 저자 권영진 선교사는 바로 그런 사람이다.

그는 선교사로 독일에 가서 30년 이상을 살았기 때문에 독일 교회의 역사를 그 누구보다도 잘 알고 있으며, 독일인 사이에서 성육신적인 삶을 실천하면서 종교개혁가의 정신을 그대로 이어가려고 노력한 사람이다. 저자는 그런 의미에서 이 책을 읽는 모든 독자를 종교개혁의 주인공인 마르틴 루터와 그 뒤를 잇는 세 명의 경건주의 운동의 주인공의 현장으로 안내하기에 가장 알맞은 가이드라고 할 수 있다.

종교개혁의 주인공 마르틴 루터는 자신의 의지와 상관없이 16세기 당시 사회의 모든 분야를 지배하던 로마 가톨릭 교회에 대항하는 프로테스탄트 운동의 맨 앞에 서게 되었다. 그리고 당시에는 상상할 수 없었던 일예를 들어 성경을 지역 언어로 번역하는 일, 성직자의 결혼, 가톨릭 교회에 속하지 않는 교회 설립 등 을 해냈다.

16세기 초에 있었던 마르틴 루터의 종교개혁은 독일을 포함한 북유럽 사회에 큰 영향을 미쳤다. 하지만 개신교의 조직이 굳어지기 시작하고 초기 종교개혁의 감격이 사라질 즈음에 경건주의라는 새로운 흐름이 생겨나기 시작했다. 이 경건주의 운동은 슈페너, 프랑케, 진젠도르프에 의해서 거의 100년을 이어지면서 교회 내의 개혁에 머물지 않고 사회 전반의 개혁으로 진행되었다. 마르틴 루터의 족적만 아니라 그 뒤를 잇는 경건주의 주인공들의 발자취를 따라가 보는 것도 우리에게 큰 도전과 감동을 줄 것이다.

만일 독일을 여행할 기회가 있다면 이 책은 단순한 관광이 아니라 개신교 역사의 현장을 생생하게 보여 주는 가이드북이 될 것이며 설령 현장을 가지 않는다 해도 종교개혁과 그 뒤를 잇는 경건주의 운동을 피부로 느끼게 해 주는 안내 책자가 될 것이다.

_손창남, OMF 선교사

＊ ◇ ＊

평생을 독일 선교사로 헌신해 온 저자는 종교개혁의 출발자인 루터와 종교개혁을 삶에서 실현한 경건주의자의 생애를 사진, 역사, 해설, 표준 일정을 담아 순례자들을 안내하고 있다. 저자는 루터의 일생을 그가 머물렀던 장소를 중심으로 생동감 있게 묘사한 전기와 같이 묘사했다. 저자는 루터의 일생과 루터에 대한 역사의 반응을 역사에 고스란히 담긴 루터와 관련된 건축물 사진과 이야기를 곁들여 루터의 일생 여정을 따라가면서 친절하게 우리를 인도한다. 저자는 이어서 슈페너, 프랑케, 진젠도르프의 흔적을 사진과 이야기로 설명하면서 경건주의의 발자취를 증언한다. 이 책은 루터의 생애와 경건주의자들의 생애와 영향을 역사의 현장에서 여행하며 목격하기를 바라는 이들에게 필독서가 될 것이다.

_강대훈, 개신대학원대학교 교수

＊ ◇ ＊

기독교 개신교인들에게 루터는 특별한 존재다. 물론 종교개혁이 루터에 의해서만 일어난 것은 아니다. 루터 이전에 존 위클리프, 얀 후스 등이 있었다. 동시대에 존 칼빈도 있었다. 자의에 의해서든 혹은 상황에 밀려서이든 기존 체제에 반기를 든다는 것은 쉬운 일은 아니다. 종교에서는 더욱 그렇다. 루터가 그 깃발을 든 사람이기 때문이다. 종교개혁 전 당시 크리스텐덤 시대의 기독교는 아마 하나님도 어찌할 수 없는 막강한 권력이다. 종교와 권력이 만나면 그보다 더한 힘이 없기 때문이다. 이런 권력 앞에 깃발을 든 루터는 도대체 어떤 인물일까?

다양한 책이 다양한 관점에서 루터를 조망하고 기록해 왔다. 루터의 신학과 사상 그리고 종교개혁의 과정에 대한 다양한 글이 있다. 한 인간은 그저 만들어지지 않는다. 그의 출생, 부모, 자라난 마을, 교육, 만난 사람들, 배우자, 스승, 다녔던 교회와 목회자, 당시 사회, 심지어는 반대 세력, 핍박자, 원수 등에 의해서 한 인간이 만들어져 간다.

루터의 종교개혁은 단지 교리를 개혁하는 것 정도가 아니다. 당시 교회는 삶의 일부였다. 교회의 모든 관습과 지침은 사회의 정치·경제·문화 등 삶 전체에 영향을 주기도 하고 받기도 했다. 결국 루터의 종교개혁 교리와 그리스도인들의 신앙 뿐만 아니라 삶의 모든 영역에 영향을 미치게 된다.

결국 우리의 관심은 과연 루터는 어떤 사람들을 만났을까? 어디서 어떻게 자랐을까? 어떤 교육을 받았을까? 등에 관심을 가지게 된다. 본 책은 그런 우리의 궁금증을 해결해 준다. 본 책은 단지 루터와 관련된 건물이나 유적뿐만 아니라 당대에 문화와 인물을 곁들어 설명해 주어 더 풍요롭다. 이 책은 심각한 신학이나 종교개혁 논쟁을 다룬 책은 아니다. 루터의 삶과 인생을 뒤쫓아보길 원하는 이들을 위한 좋은 안내서다. 이런 류의 책을 가장 훌륭하게 쓸 수 있는 사람 중 한 사람이 본 책의 저자임에 틀림없다. 그는 오랫동안 독일에서 살았다. 선교사로, 사업가로 그리고 한 시민으로 살았다. 종교개혁 500주년이 지났지만, 여전히 루터 유적지를 돌아보는 일은 매력적인 일이다. 혹은 상황이나 재정이 여의치 않아서 직접 가 보지 못할 수도 있다. 직접 가서 보든 아니면, 본 책으로 루터의 생애를 음미해 보는 것은 흥미진진한 일이다. 우리는 그 여정에 좋은 안내자를 만난 것이다.

_한철호, 미션파트너스 대표

저자 서문

1989년 11월 9일, 베를린 장벽이 무너졌다. 이 역사적인 장면을 독일에서 TV로 보면서 필자는 독일 국민이 한없이 부러웠다. 조국 대한민국에 휴전선 철조망이 잘려 나가는 일을 필자가 살아 있는 동안 볼 수 있을까?

그때부터 지금까지 종교개혁의 도시 비텐베르크를 몇 번이나 다녀왔는지 모르겠다. 처음 아이제나흐, 에르푸르트, 비텐베르크를 방문했을 때 감격은 지금도 잊을 수 없다. 많은 세월이 흘렀는데 이렇게 많은 유적이 그대로 남아 있을까? 왜 공산주의 동독 정권은 루터의 유적을 파괴하지 않았을까? 어디에 더 개혁자들의 흔적이 남아 있지는 않을까? 이런 질문을 품고 한 번, 두 번 다녀온 그 길이 이렇게 책이 되었다.

또한 수많은 목사님과 장로님, 집사님을 안내하며 개혁자의 길을 더

들어 안내하면서 필자는 그동안 마음 속에 가지고 있었던 영적인 교만을 회개하게 되었다. 그때까지 필자에게 독일과 독일인은 자유주의 신학으로 인해 예수님을 믿지 않는 선교의 대상이었고 독일 교회는 '죽은' 교회였다. 그러나 개혁자의 길을 알아가면 갈수록 고개가 숙여지고 특히 경건주의의 대표 주자이신 슈페너, 프랑케, 진젠도르프에 대해 알아가면서 필자는 완전히 입장을 바꾸었다. "독일을 선교하자."에서 "독일과 독일 교회를 배우자."로 말이다. 지금 현재 유럽에 남아 있는, 몇 안되는 숫자이지만 경건주의자들에게 개신교 신자들은 감사해야 한다고 감히 말하고 싶다.

1960-1990년도까지 왕성했던 우리나라의 학생 복음운동도 그 뿌리를 찾아보면 역시 이 경건주의에서 찾을 수 있다. 학생 선교단체가 그토록 자랑했던 인격적인 성경공부, 셀모임, 경건의 실천, 자비량 선

교…. 이 모든 것이 이미 경건주의 시대에 독일 교회에 의해 실행되었던 신앙의 아름다운 모습이었다.

오늘날 한국 교회는 개혁의 목소리가 높아져 가고 있다. 어디서부터 다시 시작해야 할까? 무엇을 어떻게 개혁해야 할까? 종교개혁의 2인 자 멜랑히톤이 말했던 것처럼 "ad fontes." 근원으로 돌아가자. 성경으로, 믿음으로, 진리의 근원이신 예수님께로. 창조주 하나님께로 보혜사 성령님께로 돌아가야 한다.

물론 이 책은 여행 가이드집이지만 개혁자의 사상과 삶이 녹아져 있다. 한국의 많은 성도가 이 책을 읽고 개혁자의 길을 방문하면서 영감을 얻어 '비텐베르크의 환상의 팀'처럼 교회개혁을 이루는 소그룹이 각처에 나오기를 기도한다. 슈페너, 프랑케, 진젠도르프처럼 교회와 사회를 함께 개혁하고 전 세계에 복음을 전하는 선교적인 교회가 되기를 기도한다.

이 책이 나오기까지 많은 분의 사랑과 섬김의 수고를 기억한다. 가장 먼저 나의 반쪽 권영선 선교사의 수고다. 이 책의 많은 부분을 다듬고 수정했다. 이를 통해 이 책에 기록된 모든 내용이 역사의 기록과 일치하도록 다듬고 수정했다. 또 필자의 거친 문장도 여성의 섬세하고 아름다운 문장으로 다듬어 주었다. 또 저술, 번역 작업을 할 수 있도록 밀어주고 지지해 준 세 아이와 두 조카에게 감사한다.

또 한 분을 결코 잊을 수 없는데 그분은 빨리 루터와 개혁자들을 만나기 위해 이미 소천하셨다. 체코를 비롯하여 동구권을 선교하시던 고

윤희원 선교사님 ^{GMS 소속}은 필자를 이 여행 세계로 인도한 분이다. 그 무궁무진한 지식의 보고에서 종교개혁의 감추어진 이야기를 들려 주시고 여행을 재미있게 인도하시던 기억이 생생하다. 그분의 미망인 윤미옥 ^{안미옥} 사모님을 언급하지 않을 수 없다. 젊은 날 독일에 오셔서 간호사로, 선교사로, 목사의 아내로 헌신하는 후원과 헌신이 없었다면 오늘의 나와 이 책은 세상에 빛을 보지 못했을 것이다.

어지럽게 흩어진 원고를 아름답고 만들어 주신 예영커뮤니케이션의 원성삼 권사님과 김지혜 팀장님께 감사와 사랑을 전한다.

루터의 생애를 따른 중요 장소

개혁자의 길
루터 가도

Luther-Strasse

루터의 생애와 자취를 따라서

작센안할트 주에 있는 하르츠Harz 산맥과 엘베Elbe 강 사이에 서 있는 언덕 도시다. 12세기에 도시로 형성되었으며, 루터 시대에 만스펠트 백작령에 속한 구리 광산 산업도시로 유명하다. 중세 독일 경제에 중요한 역할을 했다.

마르틴 루터가 태어난 곳으로 "독일의 베들레헴"이라고 불리우기도 한다. 마르틴 루터가 유아세례를 받았던 곳이며, 서거 전 마지막 3주를 보내면서 최후 4편의 설교를 한 곳이다.

루터가 평소 "나의 조국, 아이슬레벤!Eisleben ist mein Vaterland!"이라 애정을 표현했던 고향 땅에서는 그의 생가, 유아세례 교회Taufkirche, 마지막 설교 교회 및 사가死街 등을 둘러볼 수 있다.

Ⓐ 볼거리

· 루터 생가: Lutherstrasse 15-17
· 페트리 파울리 교회-루터 유아세례 교회 : Petrikirchplatz
· 성 안나 교회 - 광부수호신 교회: Annenkirchplatz 2
· 성 안드레 교회-루터 최후 설교 교회 : Andreaskirchplatz
· 루터 사가: Andreaskirchplatz 7
· 루터 김나지움(중고등학교): 루터 설립 최초의 김나지움

✈ 여행 안내 사무소　Bahnhofstrasse 36
06295 Eisleben
Tel. 03475-602124

1장

아이슬레벤
루터의 생의 시작과 끝

1. 루터 생가(Geburtshaus): 구워 먹을 수 없는 백조가 탄생한 곳

마르틴 루터는 1483년 11월 10일, 아이슬레벤의 '랑엔가세 15번지'에 태어났다. 지금은 루터거리로 이름이 바뀐 이곳에 3층으로 된 바로크 양식의 생가가 있다. 농부였던 부친이 고향 뫼라를 떠나 광산촌인 아이슬레벤으로 이사와서 잠시 세로 얻은 집이다. 장남 마르틴을 낳은 후 더 큰 광산지역인 옆 동네 만스펠트로 이사를 갔기 때문에 마르틴 루터가 이곳에서 태어나 산 것은 생후 몇 달에 불과하다.

15세기 중세 서민 주택의 생가 모습은 1689년 화재로 손실되었으나, 1693년 바로크 원형 그대로 복원되었고, 프로이센의 프리드리히 빌헬름 3세가 국가 재정으로 지원하면서 루터 기념관으로 사용되어 왔다.

루터 당시의 전형적인 중세 서민적인 방 내부를 보여 주고 있는 생가 1층에는 루터가 태어난 방과 부엌, 특히 1483년판 독일 성경이 있는 전시관이 있다. 2층으로 올라가면 "Der Schöne Saal"아름다운 홀이라 불리는 방이 있다. 방 한 가운데 있는 타원형 테이블 위에 있는, 노래하는 은색 백조상을 눈여겨 볼 필요가 있다. 루터를 상징하는 '노래하는 백조'는 보헤미아 왕국의 종교개혁 선구자인 얀 후스Jan Hus: 프라하 대학 총장 & 신부 가 한 말에서 유래를 찾을 수 있다. 후스는 보헤미아 발음으로는 '거위'라는 뜻인데, 당시 그의 비판자들

나그네의 단상 1

독일 박물관은 입장료가 상당히 비싸다. 꼭 필요한 곳만 골라서 가는 지혜가 필요하다. 보통 한 군데 들리는 데에 5-10유로가 든다. 그러니 들어갈 만한 곳을 꼭 골라서 가라. 돈을 내는 곳은 들어가면 수집된 것이 상당하므로 최소한 한 시간 이상의 시간 여유가 있을 때 들어가는 것이 좋다. 저택의 정원이나 궁전의 일부나 정원에 들어가는 데는 대부분 무료이니 기념사진을 찍는 데에는 전혀 문제가 없다. 오히려 박물관 내부에 들어가면 사진을 찍는 것은 돈을 내거나 제한을 받는다. 여행은 어차피 시간과 돈이 들지만 볼거리에 대한 시간과 돈을 적절히 배치해야 한다.

은 얀 후스의 설교를 "거위가 떠드는 것"이라고 조롱했다. 거위로 조롱받던 후스가 45세때 종교 재판으로 화형을 받으며 외친 유명한 예언이 있다.

> 당신들은 오늘 한 마리 거위를 구워 태우지만 100년 뒤에 그 타다 남은 재에서 백조 한 마리가 나타나 노래부를 것이오. 당신들은 그 백조를 결코 구워 먹을 수 없을 거요!거위와 백조의 울음을 듣고 그 소리의 차이를 알면 이 말을 쉽게 이해할 수 있다.

이 예언은 후스가 죽은 지 102년 후 루터가 비텐베르크에서 95개 조항의 항의문을 붙임으로 성취되었다. 거위 후스는 백조 루터의 선구자였다. 에크가톨릭 측의 최고의 신학자이며 루터의 강력한 비판자를 비롯한 종교개혁의 비판자들은 루터와 논쟁 때마다 "거위 후스가 떠들던 말과 같지 않은가!", "독일 작센 지방의 후스도 똑같이 장작더미에 던져야만 하오!"라고 외쳐 댔지만 주문했던 '백조구이' 대신 영원히 사라지지 않는 '백조의 노래'를 들어야만 했다. 생가 뒤뜰에 세워진 신축 전시관은 2005-2007년에 대대적인 복원 사업으로 이루어졌다.

신축 전시관 왼쪽에 루터의 빈민아동학교 Luthersarmenschule 기념관이 있다. 마르틴 루터는 알려진 대로 평생을 종교개혁에 자신을 바치기도 했지만, 그와 못지않게 교육개혁에 힘써 온 학교 교육의 창시자요 뛰어난 교육가였다. 루터는 교회가 개혁되려면 반드시 교육이 동반되어야 한다고 생각했고 동역자 멜랑히톤과 함께 오늘날 독일과 유럽의 일반 학교제도 설립을 이룬 위대한 교육가이다. 교육 연령의 남녀 어린이들이 공평하게 교육 기회를 얻고 복음주의 신앙으로 교육을 받을 수 있도록 당시 정치가들인 제후들을 설득하고 학교를 세워나가는 데 힘썼다. 교육가로서 루터의 정신과 업적을 기념하는 의미에서, 루터 유적지 중 유일하게 생가가 학교로 한동안 사용되었고, 지금은 기념관으로 보존되고 있다.

부친의 고향 튀링겐 주 근교 뫼라 Möhra 라는 마을에는 '루더' 씨족들이 자리잡고 있었다고 한다. 이들은 대부분 농노들과는 다르게 자유인 신분으로 농장을 소유하고 있었으며, 귀족 지주들에게 세금을 내지 않고 가문 문장까지도 소유하고 있었고, 자치권을 소유한 독립자영 농민이었다. 루더 씨족 출신인 부친은 뫼라에서 20킬로쯤 떨어진 옆 동네 마을 아이제나흐의 벽돌 제조업자 린데만 가의 딸 마가레테를 만나 가정을 이루었다.

마르틴 루터는 부친 한스 루더 Hans Luder 와 모친 마가레테 루더 Margarete Luder 사이에서 9자녀 중 장남으로 태어났다. 독일어에서 루더 Luder 는 '비열한 속임수에 능한 교활하고 능청스러운 놈'이라는 뜻이다. 1517년 이후에 마르틴 루터가 유명해지면서 형제들과 함께 의논하여 가문의 성을 루터 Luther 로 고쳐 쓰기 시작했다고 한다.

루터의 아버지 한스 1459-1530는 그의 초상화에서 나타나듯이 성격이 불같이 강렬하고, 매우 근면하고 성실했으며 삶의 목표가 분명하고 그것을 추진해 내는 야심 있는 사람이었다. 장남이었던 부친은 지방 상속법에 의하여 유산이 고스란히 막내 동생에게 돌아가자, 고향 뫼라를 떠나 광산촌인 아이슬레벤으로 이주하여 광부로 전업하였다. 그 당시는 농업사회에서 초기 자본주의로 넘어가는 때라 사태를 빨리 파악한 한스는 당시 독일과 유럽 전체의 광산도시로 유명했던 아이슬레벤–만스펠트 지역으로 이주를 감행했던 것이다.

아이슬레벤에서 마르틴이 태어난 직후 옆 광산도시, 만스펠트로 이주했다. 그곳에서 광산업의 신흥 자본가로 성공했으며 나중에는 시의원의 자리까지 올랐다. 가문의 명예와 신분 상승을 위해 9명의 자녀 교육에 온 힘을 쏟았다. 특히 마르틴이 법학을 공부하여 만스펠트 백작의 법률 고문이 되는 것이 부친의 희망이었다. 마르틴이 법학을 시작할 때는 가문의 영광으로 큰 기대를 하고 비싼 법학 전서를 기꺼이 사 주고 아들에게 "Ihr"^{당신}라는 존칭까지 쓰며 깍듯이 대우를 했다. 어느 날 갑자기 아들이 수도사 길을 걷게 되자 "Du" 네 놈이라고 부르며, 오랫동안 귀신에 들렸다고 비난하고 핍박했던 일은 유명하다. 페스트로 다른 두 아들을 잃은 후 부친의 노여움은 누그러졌으며, 그를 용서한 것은 마르틴이 결혼하여 손자를 보여 주었을 때부터라고 한다.

마르틴은 농부였던 부모님이 자신의 교육을 위해 쏟아부은 희생

성 마르틴(316-397)

4세기경, 지금의 프랑스 투르(Tours) 지역의 주교였다. 원래는 로마의 고위 장교 집안 출신이었다. 마르티노(Martinus)라는 이름은 군신으로 불리던 "Mars"(화성)에서 딴 것으로 '훌륭한 장군, 전사'라는 뜻을 가지게 되었다. 군인이었던 그가 회심한 이야기는 대단히 흥미롭다.

어느 겨울날 추위에 떨고 있는 한 거지를 만나 입고 있던 붉은 망토를 벗어 반을 칼로 찢어서 주었는데 그날 밤 예수께서 바로 마르틴이 준 망토를 입고 꿈에 나타났다고 한다. 바로 그 추위에 떨고 있던 거지가 예수였다는 것이다. 나중에 주교까지 오르게 된 그의 삶은 온갖 기적과 사랑과 자비에 가득찬 채 전해지고 있고 성자로 봉헌되었다.

그의 서거일인 11월 11일을 "성 마르틴 날"(St. Martinstag)로 독일의 모든 도시에서 등불을 들고 행렬하며 성 마르틴 노래를 부르며 행진을 하다가 광장에 모여 '망토 사건'를 재현하는 장면으로 행사가 마무리된다. 독일 어린이들은 "마르틴스 맨헨"(Martins Männchen: 사랑스런 마르틴)이라는 빵을 먹고, 다시 등불을 들고 집집마다 방문하며 노래를 부르면, 집주인들은 용돈이나 과자 등을 선물한다.

성자 마르틴(Martinus von Tours)으로 인해 'Martin'이라는 이름은 유럽에 '그리스도의 군사'라는 새로운 의미를 가지게 되었다. 그의 이름을 이어 받은 마르틴 루터는 그러고 보면 이름 값을 단단히 한 셈이다. 11월에 여행을 하는 경우 도시와 마을마다 행해지는 마르틴 축제를 잘 볼 수 있다. 특히 도시보다는 시골 마을에서 행해지는 축제가 더 흥미롭다.

을 자주 이야기하며, 자기 집안이 귀족이 아닌, 농부 집안이요 자신이 농부의 아들이라고 늘 말해 왔다. Ich bin eines Bauern Sohn.

2. 성 페트리-파울리 교회(St. Petri-Pauli Kirche): 루터가 유아세례를 받은 곳

마르틴 루터는 당시 관습을 따라 출생 다음날인 11월 11일 성 페트리-파울리 교회에서 유아세례를 받았다. 생가에서 Sieben Boese 일곱 악령라는 조그마한 개울을 건너 "das dunkle Tor"암흑의 통로라 불리는 좁은 길을 지나면 교회가 나타난다. 11월 11일은 성자 마르틴을 추모하는 날이어서 부모는 아들 이름을 마르틴으로 지었다.

성 페트리-파울리 교회는 14세기에 세워진 후기 고딕 건물로서 루터가 유아세례를 받은 세례대가 원형으로 보존되어 있고, 설교단 조각의 특이한 점은 광산촌 교회답게 예수님 탄생 시 예루살렘 마구간을 찾아온 목자들을 마을 광부로 바꿔 놓은 것이다.

3. 성 안나 교회(St. Annenkirche)

생가에서 1.2킬로미터 떨어진 곳에 광부의 교회로 알려진 성 안나 교회가 서 있다. 예수의 모친 마리아의 어머니이신 성 안나는 광부의 수호 성인으로 중세 유럽인들이 숭배하였다. 광부촌에서 광부

◆◇ 루터 출생 400주년을 기념하여 아이슬레벤에 세워진 루터 동상

아버지 밑에서 자란 마르틴 루터에게 성 안나는 절대적인 성녀였
다. 위기 때마다 성 안나를 찾는 것은 그들에게 습관이었다. 루터가
벼락 맞는 사건에서 성 안나에게 기도하며 수도사가 되기로 서원한
것은 바로 이런 연유에서다. 아우구스티누스 수도원이 성 안나에게
봉헌하기 위해 세웠으며, 루터가 지역 교구 신부로 한때 봉사한 곳
이기도 하며. 종교개혁이 시작되자 이 지역에서 제일 먼저 신교 예

배를 드린 곳이다. 세계 유일한 모래석 그림 성경이 소장되어 있다. 모래석에 성경 주제를 조각한 29개의 돌 Sandsteinbibel 모래석 성경이 성가대 의자에 세워져 있음을 눈여겨보아야 한다.

4. 성 안드레 교회(St. Andreas Kirche): 루터가 최후에 설교한 교회

중세 도시의 중심에는 광장 Marktplatz 이 있고 광장을 중심으로 세속 세계를 다스리는 시청 건물 Rathaus 과 영적 세계를 다스리는 교회가 마주보는 구조로 이루어져 있다. 시 광장에는 보통 그 도시를 대표하는 인물의 동상이 세워져 있다. 루터의 유적 도시에는 하나

나그네의 단상 2

루터가 활동했던 어느 도시를 가도 도시의 한복판에 루터의 동상이 서 있는 것을 볼 수 있다. 전 독일 도시에 35개 이상이 있으며 비텐베르크 동상이 제일 처음으로 세워졌고, 규모로는 보름스 동상이 제일 크다. 이는 루터 한 사람의 영향으로 독일의 표준어가 생기고 루터 한 사람의 종교개혁이 세계사의 전환점을 만들었기 때문이다. 이것은 교회사적인 의미를 넘어서 정치, 경제, 문화, 문학(표준어는 독문학의 시작), 교회 음악, 교육 등에서 엄청난 변화가 일어났기 때문이다. 루터 이전까지 동상은 왕이나 귀족들만을 위해 세웠는데 일반 서민 중에서는 최초로 동상이 세워진 사람이 마르틴 루터다.

◆◦ 루터가 마지막으로 설교했던 성 안드레 교회

같이 빠지지 않고 시 광장 한가운데 그의 동상을 볼 수 있다.

아이슬레벤 시 중앙 광장 Marktplatz 앞에는 탄생 400주년을 기념
하여 세워진 루터의 동상이 서 있고 뒤편에 시청, 멀리 성 안드레
교회가 나란히 보인다. 이 교회의 출입문은 루터의 사가 死街 쪽으
로 나 있다. 성 안드레 교회는 아이슬레벤의 가장 영향력을 주던 중
앙 교회로서 3층으로 된 후기 고딕식 건물이다.

루터 나이 63세, 1546년 1월말 만스펠트 백작 형제의 상속 재산 권 다툼이 생기자 조정 부탁을 받는다. 지병인 심장병이 있음에도 두 아들과 제자 유스투스 요나스를 동행하여 아내의 만류에도 여행 길을 떠나게 된다. 1546년 1월 31일에서 2월 15일 사이, 백작 가문 의 상속권 싸움을 조정하는 약 2주 동안 루터가 생애 최후 4편의 설 교했다. 성 안드레 교회는 아이슬레벤 중심 교회라고 할 수 있다.

2월 14일, 성 안드레 교회에서 마태복음 11장 28절에 "수고하고

루터의 마지막 메모(Wir sind Bettler. Es ist wahr!)

Die Hirtengedichte Vergils kann niemand verstehen, er sei denn fünf Jahre Hirte gewesen. Die Vergilschen Dichtungen über die Landwirtschaft kann niemand verstehen, er sei denn fünf Jahre Ackermann gewesen. Die Briefe Ciceros kann niemand verstehen, er habe denn 25 Jahre in einem großen Gemeinwesen sich bewegt. Die Heilige Schrift meine niemand genügsam geschmeckt zu haben, er habe denn hundert Jahre lang mit Propheten wie Elias und Elisa, Johannes dem Täufer, Christus und den Aposteln die Gemeinden regiert. Versuche nicht diese göttliche Aeneis, sondern neige dich tief anbetend vor ihren Spuren! Wir sind Bettler, das ist wahr.

5년간 목자로 살았던 버질의 목가 시를 진정 이해할 자가 없다. 5년간 농부로 살았던 버 질의 전원 시를 진정 이해할 자가 없다. 25년간 폭넓은 교류 속에 이루어진 키케로의 서 간집을 진정 이해할 자가 없다. 그러므로 어떤 이가 심지어 백여 년을 엘리야, 엘리사, 세 례 요한과 같은 선지자들과 함께, 그리스도와 사도들과 교회 공동체를 섬겼다 하더라도, 성경 말씀을 어느 누구도 충분히 맛보았다고 진정 말할 자 없으리라. 버질의 서사 시 '애 나이스'를 분석하듯 성경을 분석하고 강해하는 짓거리들을 중단하고, 말씀의 증거 앞에 머리 숙여 겸손히 순복하여야 하리라. 우리 모두는 하나님의 은혜를 구걸하는 걸인들이 다. 그리고 이 말은 언제나 진리다.

무거운 짐진 자들아 다 내게로 오라."는 말씀으로 마지막 설교를 하다가 "이 복음에 대해 좀 더 말하고 싶지만 힘들어 이것으로 마치 겠습니다."라며 중단하고 내려온 'Lutherkanzel: 루터의 설교단'이 그대로 보존되어 있다. 일 년에 4번, 루터 생일날 11월 10일, 종교개혁 일 10월 31일, 개신교 신조가 담긴 아우크스부르크 신앙고백서가 제 국의회에서 채택되고 신교의 자유가 선포된 날 6월 25일, 루터 서거일 2월 18일에 루터의 설교단이 사용되고 있다.

성 안드레 교회는 루터의 서거 후 유해를 이틀 동안 봉안했던 곳 이며 제자 유스투스 요나스 박사가 발인 예배를 집례한 곳이다.

5. 사가(死家: Sterbehaus)

생가로부터 500미터 떨어진 곳, 성 안드레 교회 바로 건너편에 서 있는 후기 고딕 양식의 2층 집이다. 루터가 생애 마지막으로 고향을 방 문하여 고향의 유력한 광산 소유주였던 필립 드락흐슈테트 집에 머물 며 63세의 생애를 마감한 곳이다. "1546년 이곳에서 마르틴 루터 박사 께서 서거하셨다."라는 글귀가 쓰여 있는 문 입구를 지나 3층에 오르 면 루터가 마지막 사용했던 르네상스식 탁상과 의자 그리고 시편 3편 5절의 "주의 손에 나의 생명을 맡기나이다. 나의 신실하신 하나님! 당 신은 나를 구속하셨나이다!"라는 고백을 드리며 마지막 숨을 거두었던 침대가 그대로 보존되어 있다.

◆○ 루터 사가 입구

루터의 서거 후 그의 탁상 위에 메모 한 장이 발견되었다. 죽기 이틀 전에 남긴 최후의 메모의 마지막 여섯 단어, "Wir sind Bettler. Es ist wahr." 우리 모두는 하나님의 은혜를 구걸하는 걸인들이다. 그리고 이 말은 언제나 진리이다. 와 함께 63년의 생애를 마쳤다.

위대한 개혁자 루터가 남긴 마지막 문장은 실로 인간 존재에 대한 명확한 표현일 것이다. 인간은 진정 의존적인 존재이며, 은혜 받

◆○ 루터가 임종했던 방

아야 살 수 있는 존재다. 엄마의 태 안에서부터, 태에서 나와 첫 호흡을 하며 마지막 숨을 거두기까지 전적으로 오직 하나님께 의존하고 그저 받은 것으로 살고 있는 것이 인간이다. 실로 우리 인생은 걸인이며 이 말은 진실되다. "인간은 하나님의 말씀과 은혜의 걸인이다."라는 마르틴 루터의 마지막 메모의 진리는 유언과 같이 지금도 울려 퍼지고 있다.

루터의 종교개혁은 교육의 중요성을 불러 일으켰고 교육개혁을 당연히 수반하게 되었다. 이전의 성당 학교와 수도원 학교는 성직자 양성만이 목표였다. 그러나 전인교육으로, 학교를 설립하고 유지하는 일은 교회가 아니라 국가가 해야 한다고 주장했고, 1524년에 "모든 독일 지역의 영주들은 영지에 학교를 만들고 기독교 교육을 책임져야 한다."고 말했다. 루터는 보편적이고 의무적인 교육의 중요성을 처음으로 깨달은 사람이며, 이런 이유로 공교육의 아버지라 할 수 있다. 교수법에 대하여도 "그리스도께서 인간들을 움직이려 했을 때, 먼저 인간이 되셔야 했다."는 말로 학생을 체벌하며 상하 주종 관계에서 다루어서는 안 되며, 눈높이 사제지간을 강조했다. 루터는 교육에 관한 많은 저술을 하였으며 교육에 대한 질문을 보내는 제후와 그들의 궁정 비서 및 각 지역 의회 의원과의 서신 왕래를 통하여 자신의 교육 이념을 퍼뜨렸다.

6. 루터 김나지움(Luthergymnasium)

1546년 루터가 서거 직전 만스펠트 백작 가문의 유산 분쟁안을 해결하기 위해 타협안으로 학교 설립안을 제안해서 만들었던 루터 김나지움의 장소로 첫 번째로 쓰였던 건물이다. 지금은 시립도서관으로 사용되고 있으며 안드레 교회 입구에 있다.

아이슬레벤에서 북동쪽으로 15킬로미터 정도 떨어진 곳이며 어린 루터가 14년을 보낸 곳이다. 당시 만스펠트는 구리와 은을 캐서 정제해서 파는 무역으로 명성 높은 장소였다. 부친 한스는 갓난 아기 마르틴을 안고 광산업을 위해 이곳에 이주하여 5개의 제련 움막을 가지는 광산 소유주가 되었고 시의원이요, 만스펠트 백작과의 친분을 가질 만큼 신분이 높아졌다. 그가 1530년에 죽었을 때에 막대한 유산을 남길 만큼 명성과 재물을 가진 유력 인사였다. 루터가 어린 시절을 보낸 부모님 집, 마을 학교, 마을 교회 및 기념탑을 볼 수 있다.

Ⓐ 볼거리

· 루터 하우스: Lutherstrasse 27
· 루터 학교: Junghuhnstr. 2
· 성 게오르그 교회
· 루터 분수와 기념탑

✈ 여행 안내 사무소　Junghuhn str. 2
06343 Mansfeld
Tel. 034782-90342

2장

❧

만스펠트
어린 시절을 보낸 마을

1. 루터 하우스: 루터 소년 시절의 부모님 집

루터 부모는 1484년 5월, 6개월 된 마르틴을 데리고 만스펠트로 이주한다. 이주 후 7년 뒤 현재 루터 거리 26번지에 있는 집을 구입하였다. 마르틴은 이곳에 14세까지 살았다. 8명의 형제자매들과 함께 총 11명의 식구들이 함께 살았던 곳이다. 집안 분위기는 여느 당시 중세 모든 집안처럼 엄격했고 미신적이었다. 부모는 평생 이 집에서 살았고, 가족 중 동생 야곱 루터가 부친이 죽은 뒤 이 집을 물려받아 살았다.

2. 루터 학교- 마을 학교

지금은 관광안내사무실로 사용되고 있다. 부친은 마르틴이 다섯 살 되던 해 그를 만스펠트의 마을 학교에 보낸다. 마르틴은 라틴어와 음악에서 특별한 재능을 발휘했다고 한다. 중세 학교들은 엄격하기가 그지없고 매를 드는 것은 예사여서 배우지도 않은 라틴어 문법 변화를 못한다고 15대나 맞은 적이 있다며 만스펠트 마을 학교를 지옥으로, 선생님을 끔찍한 형리로 표현하기도 했던 곳이다. 지금은 관광안내사무실로 사용되고 있다.

3. 성 게오르그 교회(St. Georgskirche): 마을 교회

1367년 만스펠트에 첫 성당이 세워졌다. 마을 수호신인 성자 게오르그의 이름을 딴 성당이다. 후기 고딕 건물로 소년 마르틴이 미사의 복사Ministrant: 미사 때 집례 신부를 돕는 아동 봉사자로, 성가대원으로 봉사를 한 고향 마을 교회다. 마르틴이 미사시 사용했다는 황금으로 된 성만찬 잔이 그대로 보관되어 있다.

4. 루터 분수와 기념상(Lutherbrunnen)

동네의 한복판에 루터의 부조가 있다. 루터의 인생 시기에 따른 모습을 상에 새겨 놓았고, 분수로 되어 있다. 그래서 루터 분수라고도 부른다.

어릴 때 만스펠트를 떠나는 모습 위에는 "세계를 향해서 나가다."가 쓰여 있고, 95개조 항목을 박는 루터의 모습에는 "싸움으로 들어가다."로 쓰여 있으며, 성경책을 들고 설교하는 루터의 모습 위에는 "승리를 향해서"라고 새겨져 있다. Hinaus in der Welt, Hinein in den Kampf, Hindurch zum Sieg.

독일의 중부 알프스로서 해발 1,000m의 녹색이 짙은 광활한 자연 공원, 튀링겐 숲을 북부로 끼고 있는 튀링겐의 아담한 도시 아니제나흐. 헤센주와 튀링겐 주의 주경계도시요, 구 동서독의 국경도시였던 아이제나흐. 북쪽으로 튀링겐 숲자락 위에 우뚝 솟아 있는 11세기의 고성 바르트부르크가 서 있고, 고풍 어린 시가지에는 독일인들이 가장 숭앙하는 여성, 성 엘리자베스 Heilige Elisabeth 와 마르틴 루터, 서양음악의 아버지인 바흐의 숨결과 흔적이 가득 담겨 있는 도시다. 일찌기 튀링겐 백작의 레지덴즈가 자리잡고 있던 곳으로, 루터 당시에 4,500명의 아이제나흐 인구 중 400명 정도가 수도사 내지는 수녀들이어서 "성직자들의 서식처" Pfaffennest 로 불려졌다.

Ⓐ 볼거리
- · 성 게오르그 교회(St. Georgenkirche): Am Markt
- · 루터 하숙집(Lutherhaus): Lutherplatz 8
- · 바흐 생가(Bachhaus): Frauenplan 21
- · 바르트부르크 성(Wartburg)

✈ 여행 안내 사무소　Markt 9
　　　　　　　　　　99817 Eisenach
　　　　　　　　　　Tel. 036917-9230

3장

아이제나흐
학창시절과 유배지

중앙역 Hauptbahnhof에서 앞쪽으로 약 400미터 떨어진 곳에 아이제나흐 5개의 성문 중 유일하게 남아 있는 니콜라이 성문 Nikolaitor을 통과하면 그 옆에는 12세기에 세워진 베네딕트 수도원이었던 니콜라이 교회가 보인다. 12세기에 세워진 2.84킬로미터의 성벽 위에는 22개의 탑과 5개의 성문이 있었으나, 유일하게 니콜라이 성문만 남아 있다.

니콜라이 성문을 거쳐 칼 광장 Karlsplatz에 이르면 루터의 실제 크기로 성경을 손에 들고 있는 동상을 볼 수 있다. 이 동상은 루터 탄생 400주년 때, 아이제나흐 체류를 기념하여 세워졌다.

칼 광장에서 쇼핑거리인 골드슈미트슈트라세 Goldschmiedstrasse를 5분쯤 걸어나가면 시 광장 Markt이 나온다. 광장 주위로 성 게

오르그 교회, 16세기 건축물인 시청, 박물관튀링겐 백작 집무실이었던 옛
Stadtschloss이 서 있다. 성 게오르그 교회 뒤쪽으로 루터광장 8번지
에 있는 루터 하숙집을 지나 루터거리 Lutherstrasse 를 따라 올라가면
바흐 생가를 관람할 수 있으며, 시내를 벗어나 바르트부르크 알레
를 3킬로미터 정도 올라가면 곧바로 산 위에 솟아 있는 바르트부르
크성을 만나게 된다.

루터는 아이제나흐를 기억할 때마다 "내 사랑 아이제나흐 시"
meine liebe Stadt 라고 애정을 표현했다. 그럴 만한 것이 광산촌 출신
의 15세 시골 소년 루터는 이곳에서 귀한 학교 스승과 멘토를 만났
다. 특히 하숙집 주인인 코타 부인의 집에 하숙을 하면서 상류사회
를 접했고, 어머니같은 따뜻한 사랑을 듬뿍 받으며 행복과 안정 속
에서 학창시절을 보냈기 때문이다.

당시에는 학생들이 교회 소속의 학교에서 공부했으며, 목소리가
좋은 학생들은 집집으로 다니면서 성가를 불러 주고 양식을 얻어
공부를 하는 것이 예사였다. 루터의 아버지는 루터의 외가가 아이
제나흐에 있기에 루터를 이곳으로 보냈던 것 같다.

여기서 3년간 루터는 성 게오르그 교회 소속의 라틴학교를 다녔
다. 학교는 교회 남쪽에 있었는데 1507년에 영주의 성을 세우면서
헐리게 되었고 조금 떨어진 맨발수도원 교회 Barfusskirche 쪽으로 갔
다가 1544년에 도미니크파 수도원에서 학교를 열어 그리로 옮기게
된다. 루터는 이 학교에서 트레보니우스 Johannes Trebonius 교장 선생

님을 만났으며, 비간트 귈덴나흐 Wiegand Güldenapf 라는 스승과는 평생 계속되는 친교를 여기서 시작하게 되었다. 이곳 학교 교장 트레보니우스는 교실에 들어설 때마다 학생들을 미래의 시장, 수상, 박사들이라며 모자를 벗고 인사를 했다고 한다. 두 스승은 루터의 재능을 알아보고 졸업이 다가오자 대학에 가서 계속 공부하라고 추천한 것으로 알려져 있다.

또 아이제나흐의 견고한 요새 바르트부르크 성은 보름스의 제국의회에서 재판을 받고 이단자로 몰려 한치 앞을 내다볼 수 없는 도망자 루터에게 10개월간의 피난처요 생명을 구해 준 곳이었을 뿐 아니라, 피신 시절 독일어 신약성경을 번역하여 종교개혁을 꽃피우

나그네의 단상 3

유럽의 어느 도시를 가든지 유명한 사람이 태어난 도시에 가면 그가 세례를 받은 장소를 찾으려면 근처의 교회에 가면 된다. 교구제인 유럽의 교회 제도상 태어난지 사십 일 안에 세례를 받는다. 유아 사망률이 높던 당시의 상황에서는 아이가 언제 죽을지 모르기 때문에 태어나면 바로 교적에 등록하고 세례를 받는다. 교적과 호적이 동일하게 되던 곳도 많았다. 도시는 시청과 교회에서 별도로 호적 관리를 서로 연결하면서 했던 것이다. 지금도 독일은 출생 서류 사본 한 장이 세례를 받는 교회 쪽으로 가게 되어 있다. 바흐가 이곳에서 태어났다면 세례를 당연히 중심 교회인 게오르그 교회에서 받는 것이 당연하다.

◆◇ 아이제나흐에 있는 성 게오르그 교회

게 한 성지가 되었다.

1. 성 게오르그 교회(St. Georgskirche)

루터는 이곳에서 1498년 [15세]에서 1502년에 에르푸르트로 가기 전까지 3년을 살면서 공부하고, 이 교회에서 소년 성가대원으로 노

◆◦ 성 게오르그 교회 안에 있는 바흐상

래를 불렀다. 바흐 J. S. Bach 는 여기서 1685년 봄에 세례를 받았다.

아이제나흐 광장 중앙에 서 있는 성 게오르그 교회는 아이제나흐 시 교회로서 1182–1188년에 지어졌으며 아이제나흐 수호 성자였던 성 게오르그 이름을 따서 봉헌되었다. 1221년 헝가리 왕녀였던 엘리자베스와 튀링겐 영주 루드비히 백작이 결혼식을 올린 곳이며 루드비히 영주의 유해가 묻혀 있다. 소년 루터가 성가대원으로 활동했던 곳이며, 1685년 바흐가 세례를 받은 교회다.

개혁자 루터가 보름스 회의를 오가는 중 1521년 4월 10일과 돌아오던 길에 5월 3일 두 번 설교를 한 곳으로 유명하다. 교회 입구에는 "내 주는 강한 성이요"라는 루터의 자작 찬송가이자 종교개혁가 가사가 적혀 있다.

교회의 입구에 막은 철창 디자인이 루터의 문장인 장미 모양으로 되어 있고 안으로 들어가면 입구에 바흐의 입상이 서 있다. 이곳에서는 바흐의 고향답게 좋은 오르간 음악이 항상 연주되고 있다.

2. 루터 하우스-루터 하숙집

루터가 학창 시절에 살던 집. 후에 아이제나흐의 목사관으로 쓰이다가 지금은 루터의 학창 시절과 그 생애, 지역 교회의 역사를 기

골격구조 가옥(Fachwerkhaus)

독일의 전통 가옥를 지칭하는 말이다. 외벽에 불규칙하게 나무로 골조를 만들고, 흙에 떡갈나무, 볏단을 잘게 썰어 반죽해 채워 만들어 세운 집으로 입구에 건축연도와 함께 성경구절을 적어 넣은 집이 많다. 어느 도시마다 보존되어 있는 구 도시(old City, alte Stadt)를 가면 독일 전통 가옥인 Fachwerkhaus를 볼 수 있다.

아이제나흐 시장, 하인리히 샬베(Heinrich Schalbe: 1495-1499년 아이제나흐 시장) 딸 우르줄라 샬베가 상류 귀족이었던 콘라드 코타와 결혼하여 친정 부모님과 함께 살았던 집으로 코타 하우스(Cotta Haus)로 불리기도 한다. 소년 마르틴은 학교의 조그마한 방에서 잠시 지내기도 했지만, 음악을 좋아하고 목소리가 뛰어나 명문 귀족 집들을 찾아다니며 노래를 부르고 먹을 것을 얻어 생활했다.

전해 오는 바로는 코타하우스 여주인 우르줄라 코타 부인이 소년 루터의 아름다운 노래에 감동되어 집으로 받아들이게 되었고, 마르틴은 코타 부인의 사랑스런 섬김 속에 하숙생으로 기거하게 되었다고 한다. 코타 하우스에서 하숙하는 동안 광산촌 서민 출신이었던 루터는 부유하고 교양 있는 귀족들의 상류 세계를 접하게 되었으며 행복한 청소년 시절을 보낼 수 있었다. 루터는 '소년 시절에 받은 코타 부인의 사랑보다 이 땅에서 더 소중한 것이 없었다.'고 두고두고 기억했다.

념하는 박물관으로 쓰이고 있다. 루터 하우스는 이 도시에 남아 있는 가장 오래된 독일 전통 가옥 Fachwerkhaus 중 하나다.

루터 하숙집의 큰 홀에 들어서면 입구 오른쪽 그림이 있는데 그 그림을 보면 어린 아들과 부인 앞에서 네 명의 소년들이 노래를 들려주고 있는데 그중 한 명이 15세의 소년 마르틴 루터다. 소년 루터가 거처하며 사용한 것으로 전해지고 있는 남쪽의 작은 방이 '루터 방'으로 그대로 보존되어 있다.

루터 하숙집에는 2개의 주제로 전시관이 열리고 있다. "마르틴

나그네의 단상 4

루터 하우스 옆의 거리 구석에는 작은 사과나무 한 그루가 심겨 있고 그 밑에 "내일 세계의 종말이 오더라도 나는 작은 사과나무 한 그루를 심겠다."라는 구절과 루터의 문장, 이름이 적혀 있다. 우리가 대부분 이 말이 스피노자가 한 말이라고 기억하고 있는데 사실은 루터의 말이다. 스피노자가 루터보다 뒤의 사람이었다는 것을 기억해 보면 스피노자가 루터의 말을 인용했으리라고 본다. 루터의 표현이 원조인 셈이다.

"Und wenn ich wüßte, dass morgen die Welt unterginge, würde ich doch heute ein Äpfelbäumchen pflanzen" Martin Luther
"루터의 장미"라고 부르는 루터의 문장은 빨간 심장 안에 십자가가 있고 그 주위를 장미꽃 잎이 둘러싸고 있다.

◆○ 아이제나흐에 있는 바흐 동상

루터에 관한 새로운 조명" Martin Luther neu entdecken 이라는 제목의 전
시관은 종교개혁가 마르틴 루터의 전 생애에 걸친 활동과 그의 영
향력에 대한 정보를 문서 기록으로, 그림으로 채워진 앨범과 진열
장을 통해서, 또 멀티미디어를 통해 재발견할 수 있는 곳이다. 위층
에는 "개신교 목사관으로의 시간 여행" Eine Zeitreise durch die Geschichte
des evangelischen Pfarrhauses 이라는 주제로 두 번째 전시관이 있다.

◆◦ 바흐 생가

이곳은 16세기부터 현대까지 목사 사택의 생활상을 자세히 알려 주는 흥미 있는 전시다. 성직자 결혼이 금지되었던 중세에 성직자에게 결혼과 가정을 선물해 준 루터의 영향력이 독일 개신교 목사관에 어떤 변화를 일으켜 왔는지를 보여 주는 곳이다. 루터는 결혼 후 가정을 열어 수많은 제자들과 함께 공동생활을 하면서 목사관을 처음으로 운영한 개척자이다. 이후 개신교 목사관들은 목회자들의 가정생활이 이루어지기도 했지만 수백 년을 거쳐 독일 지역 사회에 주민들의 사상과 교육의 중심지로 사용되어 왔다. 각계 저명 사상가와 인사들이 목사 출신이거나, 어린 시절 목사관에 뿌리를 두고 있다는 것은 눈여겨볼 만한 사실이다. 이외에도 목사관과 관련한 개신교사와 문화사에 대한 전시회가 이곳에서 열리고 있다.

3. 바흐 하우스(Frauenplan 21, 99817 Eisenach, 관람시간 매일 10-18시)

1685년 3월 21일, 8명의 형제 중 막내로 요한 세바스찬 바흐가 태어난 집이며 10년 동안 살아온 생가이다. 바흐 시대의 가정집으로 재현되어 있고 악기실에는 바흐 시대 오리지널 고전악기가 전시되어 있다. 입장료를 내고 들어가면 30분 정도의 해설을 곁들인, 당시 건반 악기의 원소리 연주회를 경청할 수 있다. 또 바흐 팬을 위하여 바흐의 자료와 음악을 즐길 수 있는 편의시설이 잘 갖추어져 있다.

생가 앞에는 1884년 탄생 200주년을 기념하여 세운 바흐 기념비

나그네의 먹거리 1

아이제나흐는 튀링겐 지역인데 이 지역의 유명한 음식으로는 튀링겐 소시지가 있다. 간단하게 구운 소시지가 우리 입맛에 맞으며 가격도 저렴한 편이다. 튀링겐 지역에 가면 튀링거 부르스트(Thueringer Wurst)를 주문해 보라. 식당으로는 게오르그 교회 바로 남쪽 옛 성의 지하실 구조(교회에서 보면 바로 들어감)로 되어 있는 Brunnen keller를 추천한다.

◆◦ 멀리서 바라본 바르트부르크 성

가 서 있고 매년 생일을 축하하는 기념식이 열린다.

바르트부르크(Wartburg): 독일어 신약성경 탄생지

독일에서 중세의 성 중에서 단 하나만 볼 수 있다면 바르트부르크 성을 찾아가 보기를 추천한다. 천 년의 역사에 얽힌 중요한 사건이 많이 일어났고, 수많은 인물과 유래를 가진 성이다. 멀리서 바르트부르크 성을 보면 높은 암반 위에 빽빽한 숲에 둘러싸여 루터가 숨어 피신할 수 있었던 요새로서 최상임을 알 수 있다.

아이제나흐 시가지를 벗어나 바르트부르크알레 Wartburgallee 를 따라 경사진 숲길을 구불구불 5킬로미터 정도 올라가면 해발 400미터 고지 언덕에 이른다. 돌로 깎아 만든 계단을 올라가면, 뒤로는 광활한 튀링겐 숲을, 앞으로는 아이제나흐 시가지를 품고, 솟아오른 바위산 위에 11세기에 세워진 중세의 고성이 우뚝 서 있다.

1067년 바르트부르크를 세운 첫 성주로 알려진 루드비히 ^{Ludwig}

나그네의 단상 5

노래자랑 대회의 역사적인 이야기와 탄호이저에 나오는 엘리자베스의 시대는 약간의 시간 간격이 있다. 그러나 바그너는 이 두 모티브를 합쳐서 '세속적인 사랑'과 '영원한 사랑'에 대한 대결의 의미로 승화시켜서 작품을 만들었다. 원 이야기는 황제권과 영주권의 찬양에 대한 견해차로 문제가 벌어지는데, 탄호이저의 스토리에는 "性(성)적인 사랑이 聖(성)스러운 사랑"으로 바뀌는 것, 비너스의 세속적인 사랑을 맛본 탄호이저가 성스러운 엘리자베스 앞에서 노래를 부르다가 갑자기 이성적 사랑에 빠져 버린다. 이에 화가 난 주변의 사람들이 탄호이저를 죽일 놈으로 매도한다. 거룩하고 순결한 엘리자베스를 모독했다는 것이다. 엘리자베스의 중재에 의해서 교황 앞에서 용서를 받으면 된다는 결론을 내린다. 탄호이저는 로마로 순례의 길을 떠나는데 교황의 용서를 받지 못한다. "너의 지팡이가 싹이 나고 자라면 용서받은 것이다."라는 말을 듣고 돌아오는데 이미 죽은 엘리자베스의 관이 나가는 것이다. 절망적인 탄호이저가 그 앞에 무릎 꿇으면서 "엘리자베스여 나를 용서하소서." 하고 엎드리는 데 그가 가진 지팡이에서 싹이 나더라는 것이다. 회개한 모습에서 용서받는다는 스토리다. 바그너의 절묘한 스토리 전개와 중세 음유시인들의 등장으로 멋있는 노래자랑이 전개된다.

der Springer의 석관의 위판에 있는 상을 성 지하의 벽에 붙여 놓았다. 이 성주가 사냥을 하다가 이 산 위의 장소에 와서 "기다려라. 여기에 한 성이 세워질 것이다."라고 말했다고 함으로 성의 이름이 바르트부르크가 되었다고 한다. 독일어로 "Wart! 바르트 Du sollst ein Burg werden" 두 졸스트 아인 부르크 베르덴이다.

독일 고성 중 바르트부르크 성만큼 많은 사연을 담고 있는 곳도 드물다. 한 성이 천 년을 지내면 무슨 역사가 없으랴마는 이곳은 여러 명의 세계적인 인물이 살며 역사의 의미를 남긴 유명한 장소다.

첫 번째는 성녀 엘리자베스다. 바르트부르크는 1211-1227년에 성녀 엘리자베스가 이곳 영주 부인으로 그리스도인의 이웃 사랑을 실천했던 곳이기도 하다.

아이들을 맡기고 프란시스파 수도서원에서 일하다가 1231년 11월 17일에 소천하게 된다. 당시의 교황에게서 1235년에 성녀의 칭호를 받게 된다. 마르부르크의 엘리자베스기념교회가 세워지고 거기에 묻히게 된다.

바르트부르크의 한 방에서는 중세 기사문학의 정수인 음유시인들의 노래자랑 이야기가 얽혀 있는 곳이다. 음유시인 Minnesaenger의 노래자랑 시합이 이 성의 한 방에서 열린 것이다. 헤르만 1세 시절에 1206년과 1207년 사이에는 이 성이 중세 기사문학의 중요 장소로 쓰이게 되는데 이 성의 노래자랑 홀에서 발터 폰 데어 포겔바이데 Walter von der Vogelweide와 볼프람 폰 에셴바흐 Wofram von Eschenbach,

성녀 엘리자베스(Heilege Elisabeth)

성녀 엘리자베스는 1207년 7월 7일에 헝가리의 사로스파탁에서 안드레아 2세의 왕녀로 태어나서 튀링겐 영주 가문에 시집오게 된다. 당시에는 가문끼리 연결되어 미리 정혼하면 시집에 가서 같이 자라는 풍습이 있었는데 네 살이 되던 1211년에 튀링겐으로 온다. 1221년에 루트비히와 정혼을 하고 살면서 그리스도인의 이웃 사랑을 실천하려고 한다. 당시에 성 프란체스코의 영향을 받아서 남을 섬기는 생애를 살려고 한다. 병든 자를 돌보고 가난한 자를 돌아보는 생을 실천한다. 당시에는 영주 부인으로서 빵을 나눠 주고 다닐 수가 없었는데 하루는 바구니에 빵을 넣어 가지고 망토 밑에 숨겨서 나가다가 남편을 만난다. 남편이 "무엇을 가지고 가는가?"라고 물을 때에 급한 마음에 "당신을 위해 장미꽃을 꺾어 온다."라고 대답했다. 남편의 요구에 순종하여 열어 보여 줄 수밖에 없었는데 빵이 장미로 변해 있었다고 전한다 (Rosenwandel/장미 변환의 기적). 1227년 루드비히가 십자군 전쟁에 부름을 받아 가던 도중 이태리에서 배 위에서 역병으로 죽게 되었다. 남편의 가문에서 상속권 시비가 생긴다. 이 여자가 상속자를 가진 엄마로서 재산을 관리해야 하는데 그러면 가난한 사람들에게 다 퍼줄 것 같은 문제가 생긴 것이다. 엘리자베스는 마르부르크의 콘라드 주교의 중재에 의해 재산권을 포기하고 과부의 유산(자식을 키우는 데 필요한 부분만 가지는 형태)만 받고 마르부르크에 가서 자선병원을 세우고 동행한 시녀들과 함께 뜻을 모아 병들고 가난한 자를 돌본다.

하인리히 폰 펠데케 Heinrich von Veldeke 사이에서 목숨을 건 노래자랑 시합이 벌어진다. 노래자랑 시합 자체는 황제권과 영주권에 대한 숭배의 대결로 문제가 된다. 이곳에서의 이야기를 종합한 내용으로 리차드 바그너는 앞의 엘리자베스의 이야기를 합해 탄호이저 Tannhäuser라는 유명한 오페라를 쓰게 된다.

두 번째는 마르틴 루터가 있다.

루터는 1521년 보름스의 제국의회에서 재판을 받고 살아 돌아온

◆○ 루터가 숨어서 헬라어 신약성경을 독일어로 번역한 옥탑방의 안쪽 풍경

다. 아이제나흐에서 5월 2일에 설교를 하고 부친의 고향인 뫼라로
갔다가 돌아오는 5월 4일 숲길에서 기사들에게 납치당한다. 작센
선제후 프리드리히 Friedrich der Weise 가 지시한 납치극이었다. 루터는
이 성의 옥탑 방에서 숨어 머리를 기르고 기사 요르크 융커 Junker
Jörg 로 변장해서 10개월을 지내게 된다. 이곳에 있는 동안 그는 헬
라어에서 독일어로 바로 번역한 독일어 성경을 만들게 된다. 이 번
역은 1522년 9월에 비텐베르크의 크라나흐 인쇄소에서 목판화를

붙인 그림과 함께 신약성경을 출간하게 되고 이것이 유명한 『9월 성경』 *September testament* 이다.

『9월 성경』은 독일 표준어의 기초가 되는 언어가 되었다. 루터는 마이센의 작센 왕궁의 공식 언어를 기준으로 했고 이후부터 독일은 작센 지역의 독일어를 표준어로 쓰고 있다. 당시 지역 방언이 심했던 독일이 작센 왕국 공신 언어로 된 성경을 각 지역에서 쓰게 되면서 그것이 기준이 된 것이다. 독문학의 입장에서 루터는 표준어인 고급 독일어 Hochdeutsch 를 만들어 낸 사람인 것이다.

바닥에 발 받침으로 쓰던 고래뼈가 놓여 있고 책상 위에는 『9월 성경』의 영인본이 놓여 있다. 벽에 걸린 그림은 융커 요르크로 변장

나그네의 단상 6

루터가 종교개혁을 추진하다가 고민하는 순간에 루터 앞에 마귀가 나타나서 루터를 조소하는데 루터가 "마귀야 물러가라!"고 외치며 잉크병을 던졌다는 이야기다.

그 장소가 성경 번역을 하던 바르트부르크의 옥탑방이라고 말한다. 실제로 잉크자국이 있었다고 주장도 하지만 역사가 지나면서 몇 번씩 벽에 잉크자국을 칠하기도 했다고 한다.

다른 장소에서도 여기가 거기였다고 하면서 잉크자국을 칠하거나 칠한 벽을 긁어 가는 일이 생기기도 했다고 한다. 시대 영웅이 있고 시간이 흐르면 작은 일이 전설과 신화가 되기도 한다.

해서 머리와 수염을 기른 루터의 당시 모습을 그린 루카스 크라나흐의 작품이다.

기독교 문화권에서는 영주가 사는 성의 한 쪽은 언제나 영주와 가족을 위한 교회가 있다. 바르트부르크 성의 한쪽 구석에 있는 조그만 예배당의 모습이다. 작은 파이프 오르간도 있다. 루터 이후로 이 예배당은 개신교 예배를 드리고 있다. 그러나 이 성에 얽힌 엘리자베스의 연고 관계로 가톨릭 예배를 개신교 쪽에서 허용해 주는 오이쿠메네의 장소다. 2007년 엘리자베스 탄생 800주년을 맞아서 대대적인 전시회가 그 연고지에서 열리기도 했다.

세 번째는 독일 통일 운동이다.

나그네의 단상 7

종교개혁과 독일의 민족주의와는 상통성이 있다. 독일어 성경 번역이 독일어의 표준어를 만들어 내고 그 민족의 언어로 예배를 드린다는 것은 민족주의와 통하지 않을 수 없다. 그래서인지 독일문학에서 유명한 인물은 대부분이 개신교 사람들이다. 괴테, 쉴러, 그림형제 등이 그러하다. 독일어의 표준어를 만들어 냈다고 말해도 틀리지 않는 루터, 독일 문법책을 처음 만들고 독일 민화와 독일어 대사전을 편집했던 그림형제-이들이 그림 동화책의 저자로만 알려진 것과 또 다른 면은 유명한 독일어 언어학자였다는 것이다. 이 민족주의적인 경향은 체코와 헝가리, 스위스, 네델란드의 개혁에서도 나타난다.

1800년대 초 예나 대학에서 시작된 대학생 조합운동 Burschen-schaft의 집회 장소로 바르트부르크 성의 축제 홀이 쓰였다. 이 운동은 1817년 10월 18일에 종교개혁 300주년 기념 및 나폴레옹의 점령에 대항한 민족저항운동 3주년을 기념하여 500여 명의 대학생들이 "명예-자유-조국"이라는 기치 아래 독일 통일을 위해 모였으며, 독일 민족의식의 자각이 시작되는 사건이었다. 이때에 학생들이 내걸었던 흑, 적, 황금색의 깃발이 독일 국기의 원조가 되었다. 이 정신을 이어받아 성의 축제 홀에서 해마다 근처 고등학생들의 졸업식이 거행되고 있다.

　　바르트부르크를 사랑하여 5주간이나 머물기도 했던 괴테가 이 성을 독일 정신의 유산을 기리는 박물관으로 사용할 것을 제안했다. 통일 독일 전신의 근원지이기도 한 바르트부르크 성은 지금도 많은 독일인이 다녀가는 순례지다.

루터는 1521년 보름스의 제국의회에서 재판을 받고 살아 돌아온다. 아이제나흐에서 5월 2일에 설교를 하고 부친의 고향인 뫼라로 갔다가 돌아오는 5월 4일 숲길에서 기사들에게 납치당한다. 작센 선제후 프리드리히가 지시한 납치극이었다. 루터는 이 성의 옥탑 방에서 숨어 머리를 기르고 기사 요르크 융커로 변장해서 10개월을 지내게 된다. 이곳에 있는 동안 그는 헬라어에서 독일어로 바로 번역한 독일어 성경을 만들게 된다.

아이제나흐에서 동쪽으로 65킬로미터 떨어진 도시, 독일의 16개의 연방주 Bundesländer 중 튀링겐 주의 수도로서 인구 20만 명이 상주하고 있는 대도시다. 에르푸르트 Erphesfurt 는 8세기 초 독일의 초대 선교사 보니파티우스에 의해 게르만 선교가 시작되면서 이름이 알려졌으며, 보니파티우스는 교황의 허락을 얻어 이곳에 처음으로 주교청을 세웠다. 이와 함께 유명세를 타는 도시로 발전하며, 슬라브와 경계교역지로서 동쪽의 프랑스와 서쪽의 러시아까지 연결되는 교통의 중심지요 무역 도시로 발전하기 시작했다. 14세기에는 독일에서 세 번째로 시민들에 의해 대학이 세워져 경제, 정치, 문화, 신앙의 중심지에서 교육의 중심지로 명성을 떨치게 되었다. 그래서 "우수한 대학생은 에르푸르트로!"라는 말이 유행했다. 수많은 교회, 수도원의 탑이 하늘을 치솟고 있는 에르푸르트는 탑의 도시, 에르푸르트 Erfordia Turrita 로 불리었고, 독일의 로마로 불리었다. 전부 80개 교회가 세워져 있었다는 구시가는 지금도 오랜 양식의 자취가 남아 있다. 아직도 예배 처소로 사용되고 있는 시내 50여 개의 예배 처소 중 18개 교회가 중세 교회다. 교회뿐만 아니라 다리가 많기로 유명하다. 튀링겐 산림에서 발원하여 에르푸르트 시내 한복판을 가로질러 흐르는 게라 Gera 강 위로 142개의 다리가 놓여져 있어 다리의 도시이기도 하며 그중 크래머 부뤼케 Krämerbrücke 가 가장 유명하다. 청년 마르틴이 청운의 꿈을 품고 찾아와 대학 시절을 보낸 곳이며, 수도사 생활을 거쳐 신부로 서품을 받은 곳으로 영적인 고향이다. 이곳에서 평생 스승이며 영적 아버지인 요한 폰 슈타우비츠를 만났고, 후에 개혁의 동지들이 된 친구들을 만났다.

구 도시의 중앙인 피쉬 광장 Fischmarkt 에서 시청 청사를 빠져 나오면 다리 위 양편으로 명품 상점이 있어 고객을 유혹하는 크래머 다리 Kräemer Brücke 를 비롯해, 좁은 골목들이 미로로 교차하는 구 시가를 둘러볼 수 있다. 미하엘리스 Michalelis 거리를 따라가면 구 대학 건물 Kolegium Maius 과 미하엘리스 Michalelis 교회를 만나게 되고, 조금 가다 아우구스티너 Augustiner 거리 10번지에 있는 수도원을 볼 수 있다. 다시 시장 Markt 거리를 따라 시청 반대 방향으로 3킬로미터 가면 그 에르푸르트의 최고의 명물인 성 마리엔 대 성당과 세브리 교회를 볼 수 있다.

에르푸르트의 밤거리 구경도 대단히 이색적이다. 14세기의 중세 야경을 연출해 내는 밤거리를 야경꾼과 함께 2시간 정도 산책하며, 중세 복장과 메뉴판과 중세 지폐로 거래되는 루터 켈러 음식점 에서 중세 분위기에 푹 빠져 볼 수 있으며, 17세기에 건축되고 2킬로미터의 성벽으로 잘 보존된 요새인 치타델레 페터스베르크 Zitadelle Petersberg 의 지하 굴을 횃불로 밝히며 걸으면 500년 전 중세 속으로 완전히 빠져 들고 만다. 시내 중앙에서 북쪽으로 9킬로미터 떨어진 곳에는 루터가 벼락을 맞고 수도사 서원을 한 스토테른하임 Stotternheim 이 있음을 잊지 말자.

🅐 **볼거리**

- 콜레기움 마이우스(Collegium Maius: 대학생 루터의 모교): Michalelisstr.39
- 성 어거스틴 수도원(Augustinerkloster): Augustiner str. 10
- 성 마리엔 대성당(St. Marien Dom: 루터 사제서품 성당): Domplatz
- 크래머 다리(Krämerbrücke): Benediktsplatz
- 페터스베르크 요새(Zitadelle Petersberg): 17-19세기 프로이센 성 요새
- 스토테른하임(Stotternheim): 루터의 서원 장소

✈ **여행 안내 사무소**

Benediktsplatz 1
D-99084 Erfurt
Tel. 03616-6400

4장

에르푸르트
루터의 영적인 고향

1. 콜레기움 마이우스: 구 대학의 본 건물, 성경을 처음 만나다

1385년의 하이델베르크 대학, 1388년의 쾰른 대학 다음으로 독일에서 세 번째로 오래된 대학은, 1392년에 세워진 에르푸르트 대학이다. 콜레기움 마이우스는 1892년까지 대학 건물로 사용되었다. 특이한 것은 교육을 교회가 담당하던 시대에 에르푸르트 대학은 시의원에 의해 설립되었다는 것이다. 당시 에르푸르트 인구가 2만 명이었는데 대학생 수가 2천 명에 달했다고 한다. 현재 남아 있는 대학 건물인 콜레기움 마이우스의 맞은편에 대학 채플인 12세기의 성 미하엘 교회 Michaeliskirche 가 있다.

18세가 되던 1501년 봄, 청년 루터는 교육 도시 에르푸르트에서 대학생활을 시작하였다. 학비는 3굴덴이었다. 대학에는 신학부, 법학부, 의학부가 있었다. 입학 조건인 라틴어 실력이 출중했던 마르틴은 1501년 4월 대학에 입학하고 기초과정에서 7개 과목 문법, 수사학, 변증법, 대수, 기하, 음악, 천문학을 마치고 1년 반이 지난 1502년 가을에 예비 학사가 된다. 그 후 2년 반이 지난 1505년 초에 마르틴은 벌써 시험을 통해 문학 석사 M.A. 가 된다. 이때 마르틴

◆○ 루터가 공부한 에르푸르트 대학

은 17명의 학생 중 2등을 한 것으로 기록되어 있다. 루터는 당시 학생들 중에서 최단 시간에 학사, 석사 학위를 마친 것으로 알려져 있다. 문학석사를 마치고 법학부에 막 입문한 그 해 5월 20일, 법학도 마르틴은 라틴어 성경 Vulgata 을 대학 도서관에서 처음 봤으며, 성경을 읽기 시작한 것은 수도원 입단 이후였다.

◆◇ 루터의 수도사 서원 기념비(Lutherstein)

벼락을 맞고 수도사가 되겠다고 서원한 장소.
'거룩한 땅'이라고 위에 쓰여 있고 '종교개혁의 전환점'이라고
중간에 기록되어 있으며 옆면에 1505년 7월 2일이라고 그 날
자가 적혀 있다. 밑에는 "하늘에서 떨어진 벼락이 여기서 젊은
루터에게 갈 길을 제시했다."라고 적혀 있다. 뒷면에는 루터가
했던 말이 적혀 있다.
"도우소서, 성 안나여! 내가 수도사가 되겠나이다."

도우소서, 성 안나여! 내가 수도사가 되겠나이다

1505년 7월, 법학를 시작하고, 잠시 여름 방학 때 만스펠트에 있는 고향 집에 들러 대학으로 돌아오는 길에 루터는 에르푸르트에서 약 9킬로미터 정도 떨어진 스토테른하임이라는 마을 근교에서 벼락을 맞게 되었다. 갑자기 근처에 내리친 번개로 스토테른하임 Stotternheim근처 마을에서 천둥 번개를 동반한 우뢰를 만났다. 그때 그는 땅에 엎드려져서 울부짖었다. "도우소서, 성 안나여! 내가 수도사가 되겠나이다." 성 안나는 광부들의 수호 성녀였다.

이것이 루터가 수도사가 되기로 서약한 배경이다. 늘 실존적인 고뇌로 고통을 당하고 있었던 청년 루터가 마침 공포스런 경험이 계기가 되어 수도원에 입단하였다는 이야기다.

나그네의 단상 8

루터가 벼락 맞은 장소를 찾아가는 것은 쉽지 않다. 에르푸르트 북쪽에 있는 작은 동네가 스토테른하임인데 그 동네에서 루터스테인 (Lutherstein) 표시를 따라가야 한다. 그런데 표시판이 쓰레기장과 같이 되어 있다. 쓰레기장을 지나 애견보호소(Hundeheim)를 지나면 들판에 조그만 공원이 있고 서원의 자리에 돌이 놓여 있다. 주변의 쓰레기 냄새도 상당히 심하다. 기념비는 냄새 나는 들판에 서 있다.

2. 성 어거스틴 수도원(Augustinerkloster)

Ⓐ **볼거리**	어거스틴 수도원 교회
	어거스틴 수도원의 내부에 본 교회 쪽

Ⓐ **수도원 관람 안내**	Augustinerstrasse 10
	99084 Erfurt
	Tel. 0361 576600

Ⓐ **수도원 안내 시간**	4-10월(월-토) 10-12시, 14-17시
	11-3월(월-토) 10-12시, 14-16시
	주일과 공휴일 11, 14, 15시 예배

서원 후 친구들과 작별을 하고, 1505년 7월 17일 루터가 찾아간 곳은 1277년에 세워진 성 어거스틴 수도원이었다. 어거스틴 수도원은 성 어거스틴의 이름을 따서 지어졌다. 그래서 그 뜻을 실천하고자 하는 규율이 엄격하고 학구적이며 개혁 의식이 일어나고 있던 곳이었다. 에르푸르트의 어거스틴 수도원은 당시 2,000여 개의 어거스틴 수도원 조직 전체를 대표했으며 수도원 학교와 도서관이 갖춰진 곳으로 일반 대학부 과정을 공부도 할 수 있었던 수도원이었다. 루터가 두드렸다고 하는 작은 문이 있다. 수도원은 원래부터 폐쇄적인 공동체이며 피난처 역할로도 쓰였기 때문에 사람이 드나드는 문은 아주 작다. Lutherzelle ^{루터젤레} 는 루터의 깨달음을 얻은 장소다. 어거스틴 수도원 내 루터가 수도했다고 알려진 방 ^{Zelle-독일어에}

◆○ 성 어거스틴 수도원

선 감방의 표현도 이 용어를 쓴다.으로 여기서 자고 명상하고 기도하고 하는
개인시간을 가지는 장소다.

입단 후 2년 뒤 사제 서품을 받고 신부 루터는 1507년 5월 2일에
첫 미사를 이곳 어거스틴 수도회 소속 교회에서 첫 미사를 집전하
였다. 루터의 부친 한스 루터도 20여 명의 친지를 데리고 함께 참
석했으나 신부 아들이 못마땅해 고함을 치며 나무란 일과 그럼에도
20굴덴을 수도원에 기부한 일화는 유명하다.

◆◦ 성 어거스틴 수도원 내부

    수도원 관람은 기도실-예배실을 거쳐 회랑을 거쳐 2층에 오르
면 소중한 교회 장서 보관으로 유명한 도서관과 루터 방을 볼 수 있
다. 수도원 방문객들을 위해 일체 문화 시설을 배제한 소박한 호텔
객실과 수양회 장소로도 제공되고 있다.

오늘도 나쁜 일은 하나도 안했어!

어거스틴 수도원은 당시 어느 수도원보다도 더 엄격한 계율과 철저한 수도 생활을 요구했다. 수도자들의 하루 일과는 새벽 2시에 기상해서 각자의 방에서 성경과 어거스틴 수도원 규칙을 읽고, 6시 종과 함께 3시간 간격으로 미사를 드리고 나서 그날의 첫 식사를 하였다. 오후가 되면 3시에 미사를 드리고, 오후 5시 기도 모임이 끝나면 6시에 저녁 식사를, 7시에는 그날의 마지막 기도회 그리고 저녁 8시에 취침에 들어갔다. 수행을 철저히 하던 루터는 늘 "오늘도 나쁜 일 하나도 안했어!" 하며 잠자리에 들었다고 한다. 루터가 탁상담화에서 수도원 고행을 회상하면서 "수도원 규칙을 어찌나 꼼꼼하게 지켰던지 수도원 생활로 수도사가 하늘나라에 갈 수 있다면 그건 바로 나일거야. 아마 수도원 고행을 더 이상 계속했더라면 죽고 말았을 걸."이라고 말한 적이 있다고 한다.

스승 요한 폰 슈타우비츠와의 만남

1506년 4월 3일, 수도원에 들어온 지 9개월이 지난 후 슈타우비츠 원장과 만남이 이루어졌다. "만약에 슈타우피츠 박사님이 아니었더라면 난 지옥에 빠지고 말았을 거요."라는 그의 고백처럼 슈타우비츠는 고해 신부요 멘토로서 어려운 종교 생활을 하며 자신을 파괴하고 있는 번뇌하는 구도자 루터를 하나님을 사랑하는 삶으로 인도한 분이다. 행위를 통해 구원에 이르기 위해 몸부림치는 루터를 전적으로 용서받아야 할 대상인 인간의 본질과 하나님의 사랑에 대한 인식과 함께 그리스도를 신뢰하도록 도운 영적 아버지다. 또 루터의 재능을 알고 대학에서 강의 기회를 열어 주고, 박사학위를 하도록 권면했다. 비텐베르크 교수 자리까지 물려줌으로 루터의 치료자요, 개혁자의 길을 준비해 준 위대한 스승이었다.

성경과의 만남

20살이 되기까지 루터는 성경을 본 적이 없다고 한다. 그러다가 에르푸르트 대학 도서관에서 처음 라틴어 불가타 성경을 발견했고, 수도원에서 성경을 읽기 시작했다.

요한 사가랴(Johannes Zachariae) 무덤 위에서 수도사 서원

에르푸르트 수도원 예배당 제단 바닥에는 1415년 콘스탄츠 공의회에서 후스를 고소하여 화형을 받게 한 요한 사가랴 신부가 안치되어 있다. 공교롭게도 루터는 1년 견습 수도사 기간 후 요한 사가랴의 무덤 비석 위에 십자형으로 팔을 벌리고 누워 수도사 맹세를 서원하게 된다. 이 루터가 후스의 후계자로서 종교개혁의 불길을 다시 일으킬 줄을 누가 알았겠는가!

내 목이 20개라도 모자랄 지경이요

1521년 4월 7일, 보름스로 가는 길에 에르푸르트에 들렀다. 4월

7일 어거스틴 수도원 교회에서 "올바른 경건"*rechte und wahrhaftige Fröm-migkeit*이라는 제목으로 설교하면서 보름스에서 뜻을 굽히지 않을 것을 천명했다. 그러면서 자기 목이 20개라도 모자랄 지경이라는 유명한 말을 남겼고 에르푸르트 시민의 대대적인 환영을 받았다.

3. 성 마리엔 대성당(St.Marien Dom)과 성 세베리 교회(St. Severi Kirche): 에르푸르트 최고의 명물

성 마리엔 대성당과 성 세베리 교회

돔 광장에서 성당 언덕 위로 70계단을 올라가면 왼쪽에는 성 마리엔 성당, 오른쪽에는 성 세베리 교회가 나란히 마주보고 서 있다. 성 마리엔 성당이 남성적인 모습이라면, 성 세베리 교회는 어쩐지 여성적인 이미지로 다가온다. 위엄 있게 에르푸르트의 하늘을 향해 우뚝 솟아 있는 두 성당의 실루엣은 수세기 전부터 에르푸르트의 상징이며, 가장 장엄하고 오래된 이 두 개의 교회 건축물의 대비 모습은 볼거리 중 볼거리다. 독일식 고딕 양식의 진수를 보여 주는 이 종교적 건축물은 보는 이로 하여금 경외심을 불러일으킬 만큼 장엄한 아름다움을 자랑한다.

성 마리엔 대 성당

세인트 마리엔 대성당성모 마리아 대성당으로 불려지기도 하는 에르푸르트 돔 Dom 은 독일의 첫 선교사였던 성 보니파티우스에 의해 지어졌으며 8세기부터 주교청으로 사용되었다. 전해 오기로는 처음 성당 건축물은 1153년에 붕괴되고, 이후 1154-1182년에 걸쳐 지어졌다. 건물 전면에 있는 어마어마한 70계단을 따라 대성당 내부에 들어가면 일단 숨이 막히도록 화려하고 아름다운 고딕 양식의 제단에 시선을 빼앗기게 된다. 제단 뒤편으로 서른 개의 거대한 유리창이 하나의 화려한 작품을 이루고 있는데 창문의 높이가 거의 18미터에 달하며, 현존하는 중세 유리 예술품 가운데 규모가 가장 큰 것으로 꼽힌다. 사치스럽다고 해야 할 만큼 화려한 내부의 장식들은 각각 수세기 전부터 전해 내려오는 값비싼 예술품으로 그 가치가 돈으로는 환산할 수도 없을 정도로 엄청나다. 루터는 1507년 4월 4일, 이곳에서 신부로 서품을 받았다.

성 세베리 교회

1278-1400년 사이에 지어졌다. 이탈리아의 라벤나 주교이며 성자 세베루스의 주검이 안치된 곳으로 그의 이름으로 헌당되었다.

Gloriosa Königin der Glocken

대성당의 종탑 안에는 글로리오자 gloriosa라는 이름의 큰 종이 매달려 있다. 현재까지 전해 내려오는 중세시대의 종 가운데 세계에서 가장 큰 종으로 유명한 이 종은 1251년 처음 헌종되었으며 1497

년 7월 최종 주조공 보우 Wou 에 의해 만들어졌다. 지름이 2.57미터이며 높이는 2.5미터이다. 무게는 총 11.5톤에 달한다. 종의 여왕으로 불리는 '글로리오자'는 수세기 동안 소리가 아름다운 것으로 명성을 떨치고 있다. 석양이 질 무렵 성 마리엔 대성당의 높이 솟아오른 탑이 보이는 곳에 서서 깊이 있고 청명한 종소리를 듣는다면 고즈넉한 유럽의 정취를 한껏 느껴볼 수 있을 것이다.

돔 광장과 70계단

옛 집들로 아름답게 둘러싸여 있는 돔 광장과 70 계단은 마치 예술의 전당처럼 꾸며져 있다. 성 마리엔 대성당에서는 세계적으로 권위 있는 국제 파이프 오르간 콩쿠르가 개최되는가 하면, 매년 8월에는 3주간 70개로 되어 있는 돔 계단에서 다채로운 여름 콘서트 Domstufen-Festspiele가 개최되고 있다.

4. 크래머 다리(Krämerbrücke)

시 청사에서 조금만 뒤쪽으로 더 가면 게라 강 위로 1117년에 나무로 세워졌다가 1325년에 돌다리로 재건축된 크래머 다리가 나타난다. 게라 강 위로 120미터의 긴 돌다리 위에 원래는 63개의 집으로 세워졌으나, 지금은 32개의 집이 양쪽에 있다. 다리 양끝에 있던 교회 중 지금은 1110년에 세워진 에기디엔 교회 Ägidienkirche만 남아 있다. 사람이 거주하는 다리로 알프스 북부 유럽에서는 유일하며, 매년 6월 셋째 주 주말에 다리 축제가 열리며 중세의 모습을 재현한다.

1505년 7월, 법학를 시작하고, 잠시 여름 방학 때 만스펠트에 있는 고향 집에 들러 대학으로 돌아오는 길에 루터는 에르푸르트에서 약 9킬로미터 정도 떨어진 스토테른하임이라는 마을 근교에서 벼락을 맞게 되었다. 갑자기 근처에 내리친 번개로 스토테른하임 근처 마을에서 천둥 번개를 동반한 우뢰를 만났다. 그때 그는 땅에 엎드려져서 울부짖었다. "도우소서, 성 안나여! 내가 수도사가 되겠나이다." 성 안나는 광부들의 수호 성녀였다.

'하얀 언덕', '지혜의 언덕'이라는 이름을 가진 비텐베르크는 작센안할트 주의 동쪽에, 베를린과 라이프치히 중간에 자리잡고 있다. 12세기경 엘베 강 하얀 모래 언덕에서 도시가 시작되었으나, 인구 2,000명의 이 자그마한 도시는 내세울 것이라고는 전혀 없는 가난하고 야만적인 곳이었다. 그러나 15세기, 선제후인 프리드리히 데어 바이제가 지명에 반해서인지, 작센 주의 수도, 제후의 거주지로 정하면서 레지덴츠 성이 세워졌고, 대학을 세웠다. 마르틴 루터, 멜란히톤 등의 교수를 초대하고 당대 최대의 화가 루카스 크라나흐를 궁정 화가로 발탁하면서 비텐베르크는 말그대로 세기의 지혜자들이 모여 지혜의 언덕을 이루고, 그 언덕에서 종교개혁의 횃불을 높이 치켜들게 된 것이다.

2킬로미터 정도 밖에 안 되는 직선거리에 루터를 비롯한 개혁 동지들이 나란히 모여 살면서 성경을 연구하고, 번역하고, 강의하며, 실천한 비텐베르크는 종교개혁의 횃불이 타오른 본산지이다. 또한 독일과 전 유럽의 정치, 교육, 예술의 중심지였을 뿐 아니라, 세계사를 바꾸어 놓은 산실이 되었다.

비텐베르크 중앙역에서 시작하여 왼쪽으로 조금만 걸어오면 구도시 Altstadt 가나타난다. 구도시 동쪽 끝인 콜로기엔 거리 대학거리: Collegien Strasse , 광장 시장: Markt , 슐로스거리 城 거리: Schloss Strasse 를 지나 서쪽 끝인 슐로스 광장 성 광장: Schlossplatz 까지 총 2킬로미터의 옛 거리에는 종교개혁의 현장인 루터 하우스, 멜란히톤 하우스, 로이코레아 대학, 시립 교회, 루카스 크라나흐 하우스, 성 & 시 교회가 16세기의 현장을 그대로 간직하고 있다. 이 도시는 방사선식 도시 구조나 타원형 도시가 아니라 엘베 강을 끼고 직선형으로 형성된 총 길이 1.4킬로미터의 도시다. 도시 서편 끝의 성 교회와 중앙에 시 교회 탑이 보인다. 특히 루터의 결혼 축제가 재현되는 매년 6월이면 구 도시 전체가 16세기로 돌아간다. 사람들은 중세 복장으로 차려 입고, 중세 음악과 음식과 각종 놀이가 재현된다. 또 매년 10월 31일에는 종교개혁일을 기념하여 각종 행사가 개최되고 있다. 그 외에도 전신을 발명한 물리학자 빌헬름 웨버의 생가와 독일의 유명한 마이센 도자기를 창안한 집이 있다.

Ⓐ **볼거리**

· 성(城)과 성 교회: 95개 반박문을 붙인 교회: Schlossplatz
· 시 교회: 최초의 개신 교회로서 루터설교 교회: Kirchplatz
· 루카스 크라나흐 호프 1: Schlossstr. 1
· 루카스 크라나흐 호프 2: Marktplatz 4
· 로이코레아 대학: Collegienstr. 62
· 멜란히톤 하우스: Collegienstr. 60
· 루터 하우스: Collegienstr. 54
· 루터 참나무: Lutherstrasse

✈ **여행 안내 사무소**

BSchloßplatz 206886
Lutherstadt Wittenberg
03491/498610

Ⓐ **관람시간 안내**

	루터 하우스 & 멜란히톤 하우스	
	4-10월	11-3월
화–일	9:00–18:00	10:00–17:00
월	9:00–18:00	

Ⓐ 관람시간 안내

성 마리엔시립 교회		
	5-10월	11-4월
월-토	9:00–17:00	10:00–16:00
일	11:30–17:00	11:30-16:00

성 교회		
	5-10월	11-4월
월-토	9:00–17:00	10:00–16:00
일	11:30–17:00	11:30-16:00

화가 크라나흐 호프

역사적 인쇄소 월–금(9–17시)

미술학교의 갤러리 Schlossstraße 1
판매갤러리 Markt 4

	1-12월
화, 수, 금	10:00-17:00
목	10:00-18:00
토/Sonntag	13:00-17:00uhr

5장

비텐베르크
종교개혁의 본산지

1. 비텐베르크 성 및 성 교회(Schloß & Schloßkirche)

구 도시 서쪽 끝, 88미터 높이의 성 교회 첨탑이 우뚝 솟아 있다. 탑 머리 밑에는 모자이크 돌로 "Ein feste Burg ist unser Gott, ein gute Wehr und Waffen"내 주는 강한 성이요 방패와 병기 되시니 라는 루터의 종교개혁 구호가 새겨져 있다. 이는 전 도시를 향해, 아니 전 세계를 향해 외치고 있는 듯하다.

성 교회 첨탑 옆에는 1490-1511년에 지어진 선제후 프리드리히 성이 잘 드러나지 않은 채 성 교회와 연결되어 있다. 289계단을 따라 첨탑으로 올라가면 엘베 강변과 구 시가를 한눈에 볼 수 있다.

성 교회는 1496-1506년에 선제후의 개인 교회로 세워졌으나,

비텐베르크 대학 설립과 함께, 1507년부터는 성 부속 교회일 뿐 아니라 대학 교회로서 대학의 각종 행사와 예배를 위해 사용하게 되었으며, 마르틴 루터 박사 학위수여식, 신임 멜란히톤 교수의 취임사가 이곳에서 이루어졌다.

만인 성인들에게 봉헌된 성 교회는 가톨릭 미사를 드리던 곳인데 1524년부터 개신교 예배를 드리게 되었다. 슈말칼덴 전쟁과 7년 전쟁으로 많이 파괴되었고 한때는 프로이센 군대 기지로 사용되기도 했던 성城 자체는 지금은 역사전시관과 유스호스텔로 사용되고 있다. ^{안 정원쪽} 성 교회의 현재 모습은 1892년 종교개혁기념일에 프로이센 황제에 의해 원래의 모습으로 재건되었다.

성 교회에 창문 쪽으로 서 있는 유럽 각국의 개혁자 상은 동독

나그네의 먹거리 2

비텐베르크에서 분위기 있게 먹거리를 즐길 수 있는 곳은 성 교회를 돌아서 성의 안쪽 내원으로 가면 성 지하 창고를 개조해서 쓰는 Schlosskeller라는 식당이 있다. 전체 분위기를 루터와 카타리나를 중심으로 장식되어 있고, 이 집에는 루터 술병(Lutherkrug)에 음료를 담아서 나온다. 식단도 무난하고 좋은 편이다. 작센의 전통 음식이나 루터가 다녀갔다고 도시 대부분의 식당이 자랑한다. 루터가 35년 정도를 별로 크지 않는 당시의 신흥도시인 이곳에서 산 것을 생각해 보면 그 발자취가 지나지 않은 곳이 없을 것이다.

◆○ 성 교회

시절이던 1983년 루터 탄생 500주년에 만든 것이다. 현재 교회 오
르간은 1864년에 프리드리히 라데가스트 Freidrich Ladegast 가 제작한
것으로 통일 후, 1994년 증축하면서 대폭 손질해서 쓰고 있다.

1517년 10월 31일, 성 교회의 문에 95개조의 논제를 제시하면서
종교개혁이 시작되었다. 교수와 학생의 출입이 잦은 대학 교회 문

◆◇ 루터의 95개조 반박문

은 원래 대학에서 일어나는 행사를 알리는 게시판 역할을 하고 있었으나 이 일로 인해 종교개혁의 불씨를 터뜨린 역사적인 문이 되었다.

원래 목재로 된 문이었으나 1858년에 복원되면서 1,100킬로그램의 청동 문으로 바뀌었다. 좌우 문에는 라틴어로 95개조 반박문

◆◇ 1502년에 설립된 비텐베르크 대학

이 기록되어 있다. 문 위의 아치형 성화에 비텐베르크를 배경으로
왼쪽에는 성경을 든 루터가, 오른쪽에는 아우크스부르크 신앙고백
서를 든 멜란히톤이 십자가에 달리신 예수 그리스도를 중심으로 서
있다.

성 교회 예배시간

부활절기부터 10월까지
월-토 10:00-18:00
주일 11:30-18:00
11월-부활절 전
월-토 10:00-16:00
일 11:30-16:00

◆◇ 루터의 손에는 성경, 멜란히톤의 손에는 신조

성 교회는 21살의 최연소 교수 멜란히톤이 비텐베르크 대학으로 와서 성 교회에서 행한 취임식 연설에 감동을 받은 35살의 선배 교수 루터와의 우정이 싹튼 곳이다. 멜란히톤은 루터에게 복음을 배웠고, 천재 교수 멜란히톤은 루터에게 그리스어를 가르쳤다. 그리스어를 손에 쥔 루터는 성경을 더욱 명료하게 이해할 수 있었고, 복음을 이해한 멜란히톤은 이를 더욱 사상적으로 체계화할 수 있었다. 루터 없는 멜란히톤이 있을 수 없으며, 멜란히톤 없는 루터를 생각할 수 없다. 이 둘 중 어느 하나가 없어도 종교개혁이 그렇게 진행될 수 없었을 것이다. 14년이라는 나이 차이도 두 사람의 우정에는 전혀 문제가 되지 않았다. 루터 없이는 차라리 죽겠다는 멜란

◆○ 성 교회 내부
성 교회 내부는 밝을 때(여름)와 어두울 때 성탄절 장식인 헤른후트의 별이 보인다. 교회 안으로 들어가서 설교단을 중심으로 오른쪽 아래에는 마르틴 루터의 무덤이 있고 왼쪽 아래에는 멜란히톤의 무덤이 있다.

히톤, 멜란히톤을 잃어버리는 것에 비하면 세상의 모든 재물을 잃어 버리는 것은 아무 것도 아니라고 한 루터. 평생 개혁 동지로 삶을 나눈 루터와 멜란히톤이 마지막 순간까지 나란히 누워 있는 모습이 감동적이다.

설교단 아래에는 21개의 프로테스탄트 제후들의 문장이 새겨진 나무의자가 있다. 정면에는 세례대를 지나면 왼쪽에는 루터 시대의 작센 선제후인 프리드리히 데어 바이제, 오른쪽에는 동생인 요한 데어 베슈텐디겐의 조각이 있다. 이들 정치가들은 당시 정치적

◆◇ 왼쪽에 안치되어 있는 멜란히톤 무덤

◆◇ 오른쪽에 안치되어 있는 루터 무덤

인 상황을 잘 활용하여 종교개혁자들을 보호하고 지원했으며, 재력으로 후원한 동지들이다. 제단 바로 뒤에 중앙에 그리스도, 오른쪽에 바울이 말씀을 상징하는 검을 들고 있고, 왼쪽에 베드로가 교회를 상징하는 열쇠를 쥐고 있다.

2. 루카스 크라나흐 호프 1

루카스 크라나흐는[1472-1553] 1505년에 비텐베르크로 선제후 프리드리히 데어 바이제의 초청으로 궁중 화가가 되었다. 다재다능했던 크라나흐는 화가를 넘어 후에 약사, 출판업자, 시의원, 시장까지 지낸 비텐베르크의 유력 인사가 되었다. 비텐베르크의 재력가로 수도원에서 탈출한 카타리나 폰 보라가 루터와 결혼하기까지 보살펴 주었으며, 루터 부부의 결혼식 증인이며, 루터 자녀들의 대부와 대모 역할을 하였다. 그는 루터 시대에 복음의 주제를 그림으로 나타내고 전달하고 남긴 위대한 '복음 화가'였다.

당시 구텐베르크 인쇄기로 종교개혁 홍보작업을 할 경우에는 대부분 크라나흐의 판화가 삽화로 사용되었다. 성경적인 내용을 하나의 상징적인 그림으로 그려내서 쉽게 전달하는 일을 감당한 것이다.

또한 루터의 나이대에 따라 변하는 모습이 남아 있는 것도 대부분 크라나흐의 작품에 근거한 것이다. 또한 루터의 일상과 루터 시대 사회상을 목판화나 그림으로 남겨 놓은 것은 위대한 업적이다. 쏟아지는 주문으로 그의 화실에 당시 30여 명의 보조 화가를 두었으며 수많은 크라나흐 풍의 작품을 만들어 냈다.

슐로스거리 1번지에 있는 크라나흐 호프는 그의 두 번째 집이다. 결혼 후 처음 살았던 마르크트광장 4번지 Marktplatz 4 에서 사업적으로 성공하면서 결혼 6년 뒤 이사를 온 집이다. 이곳이 1518-1550년 사이에 루카스 크라나흐가 살면서 작업을 하고 살았다. 현재 크라나흐 호프는 전시관 외에 당시 인쇄소 원형을 보존하고 있으며, 궁정화가 작업실, 고전악기 제작소들로 사용되고 있고, 문화 공간으로 이용되고 있다.

루터 시대의 작센 선제후들

프리드리히 3세(프리드리히 데어 바이제: Friederich der Weise: 지혜공)

1463년 출생. 23세에 작센 선제후로 등극, 보름스 제국회의에서 돌아오던 루터를 바르트부르크 성에 피신시켰으며 여러모로 루터를 보호. 루터 결혼식 한 달 전인 1525년 5월에 서거. 독일을 교황의 속박에서 벗어나게 하고 독일 민족을 자주적으로 세우기 위해 뛰어난 지혜와 기지로 루터를 보호하고, 종교개혁을 지지했다. 교육과 인재를 키우는 데 큰 힘을 들인 그는 실로 지혜공이라 일컬을 만하다.

요한 데어 베스탠니겐: Johann der Beständigen: 신실공)

프리드리히 3세의 동생. 1468년 출생. 형 프리드리히 3세를 이어 1525년부터 작센 선제후로 통치. 1530년 멜란히톤에게 아우크스부르크 신앙고백서 작성을 지시했으며 종교개혁을 지지. 1532년 서거. 프로테스탄트 신앙에 대한 신실한 자세로 요한 데어 베슈텐디게(Friderich der Beständigen)라고 불린다.

요한 프리드리히 데어 그로스뮤티히 1세(대담공)

1503년 출생. 아버지 신실공을 이어 1532-1547년까지 통치. 1547년 슈말카덴 신·구교 전쟁 중 포로로 잡혀 5년간 포로 생활하면서도 위축되지 않고 프로테스탄트의 신앙 노선을 지킴. 1554년에 서거. 지혜공의 조카이자 신실공의 아들이다. 그의 대담성으로 프리드리히 데어 그로스뮤티히(Friederich der Großmütige)라 불린다.

3. 루카스 크라나흐 호프 2

시광장 남쪽 편에 마르크트 4번지 Markt 4 에 위치하고 있다. 이 안에 1547년부터 크라나흐 약국이 있다가 1799년 슐로스거리 1번지로 옮겨졌다. 통일 후 대대적으로 복원하고 현재는 크라나흐 재단이 관리하고 있다. 전시관과 크라나흐의 업적과 생애를 전시하고 있다.

크라나흐가 궁중화가로서 처음에는 궁중 화가실에서 지내다 결혼과 함께 궁중에서 나와 얻은 첫 집이다. 그의 아들 중 아버지와 함께 유명한 화가로 이름을 떨친 루카스 크라나흐 주니어가 태어난 집이기도 하다. 슐로스거리 1번지로 이사가면서 그의 사업체인 인쇄소, 약국으로 이용되었다고 한다. 현재는 전시관 및 숙박 시설로도 사용되고 있다.

4. 시청(Rathaus)과 시장 광장(Marktplatz)

시청 청사를 배경으로 오른쪽에 시 교회가 서 있고, 광장에는 루터와 멜란히톤의 동상이 나란히 서 있다. 도시 중앙에는 1535년에 세워진 르네상스 건물의 시청이 서 있다. 시청 정면에 보이는 발코니는 일명 법원문 Gerichtsportal 발코니라고 불린다. 이곳에서 새로운 법이 발표되고, 재판 판결문이 낭독되었기 때문이다. 광장은 한때

사형 집행 장소로도 사용되었으며, 시청 지하에는 큰 곡물저장소가
있었다. 한때는 백화점으로 사용되기도 했던 구 청사는 현재 시청
으로 더 이상 사용되지 않고 각종 전시관과 각종 행사가 열리고 있
고 혼인신고를 하는 관청이 들어서 있다.

성경을 펼쳐 들고 있는 루터상

시청 광장에는 성경을 펴든 루터가 시청 건물을 배경으로 서 있
고 그 옆에 나란히 멜란히톤의 동상이 서 있다. 루터의 종교개혁
300주년을 기념하여 1817년 만스펠트 주민의 기금으로 세웠다. 귀
족이 아닌 서민의 돈으로 처음 세워진 기념 동상으로 루터의 동상
의 첫 표본이 되었다. 멜란히톤의 동상은 그의 죽음 300주년을 기
념해서 만들어졌다. 오른손에 아우크스부르크 신앙고백문을 들고
있는 모습이다.

아우크스부르크 신앙고백서(Confessio Augustana)

1530년 황제 카를 5세는 신교와 구교의 화해를 위해서 아우크스부르크에서 제국회의를
소집했다. 신교 측에서는 루터와 멜란히톤이 함께 작성하여 멜란히톤이 제국의회에 제
출하였고 낭독되었다. 이를 아우크스부르크 신앙고백서라 부르며 신교의 표준고백서라
고 할 수 있다.

◆◦ 비텐베르크 시 교회 내부

5. 성 마리엔 교회(Stadtkirche): 시 교회

광장에는 옛 시청과 광장 오른편에 마치 보초처럼 서 있는 쌍둥이 탑의 성 마리엔 시 교회 Stadtkirche St. Marien 가 멋진 앙상블을 이루고 있다. 성 교회가 제후들과 그의 가족을 위한 교회였던 반면, 성 마리엔 교회는 비텐베르크 평민을 위한 시립 교회였다.

종교개혁이 이루어지면서 1521년 12월 25일, 독일어로 맨 처음 개신교 예배를 드린 역사적인 곳이며, 루터가 1517년 95개 논제를

◆◇ 루터가 설교했던 비텐베르크 시 교회 설교단

붙인 후 4년 만의 일이다. 1525년 6월 27일, 루터와 카나리나 폰 보라가 수도원에서 거리행진을 하면서 시 교회까지 동시 입장하여 결혼식을 한 교회이며, 38년 간 비텐베르크에 거주한 루터가 평생 설교한 교회로서 루터는 평생 2,300여 편의 설교를 했음 "마르틴 루터의 설교 교회"라 불리기도 한다. 루터의 동역자인 요하네스 부겐하겐 Johannes Bugenhagen 1485-1558 이 최초의 개신교 목사로 시무했으며, 1935년부터 개신교 목사들의 임직식이 거행되었으며, 개신교 교회의 모태라고 불려진다.

교회 마당 앞에는 최초의 개신교 목사로서 초대 담임 목사였던 부겐하겐의 상반신 부조가 세워져 있으며, 주검은 교회 안에 안치되어 있다. 교회 광장은 18세기까지 묘지로 사용되었고, 죽은 성도들을 위한 'zum heiligen Leichnam' 줌 하일리겐 라히남 이라는 14세기에 세워진 카펠레 기도&예배 처소가 있다.

6. 요하네스 부겐하겐과 그의 목사관(Bugenhaus)

루터와 멜란히톤 다음으로, 종교개혁의 3인자로 불린다. 키르흐
플라츠 9번지 Kirchplatz 9 에 서 있다. 서거하기 전까지 살았던 집으로
가장 오래된 신교 목사관이다.

루터의 오른팔이 멜란히톤이었다면, 왼팔은 요하네스 부겐하겐
이라고 할 수 있다. 처음 손에 들어온 루터 문서를 읽고 화를 내며
던져 버렸던 그가 루터의 동역자요, 고해 목사며, 최초의 개신교 목
사로서, 비텐베르크 시 교회를 담임하였다. 루터의 결혼식을 주례
했으며 장례식도 그가 집례했다. 루터 서거 후에도 루터의 가족을
돌보았고, 계속적인 종교개혁의 작업을 진행시켰고 북유럽의 종교
개혁에 크게 공헌했다.

시 교회는 1522년 루터가 바르트부르크에서 숨어 있을 때 칼슈
타트 교수가 이끄는 종교개혁 폭동 Wittenberger Bewegung 으로 말미암

비텐베르크 소요(Wittenberger Bewegung, 1521-1522)

한때 루터의 박사학위 지도 교수이기도 했던 칼슈타트(Andreas Bodenstein von
Karlstadt) 교수가 루터가 바르트부르크에 피신하고 있는 사이에 일으킨 과격한 개혁 운
동. 교회에 칼을 차고 들어가 상, 그림, 조각을 파괴하고 제단을 뒤엎고, 폭력과 방화를
주도한 사건으로 비텐베르크가 거의 황폐화될 뻔한 폭력사태였다.

아 성자상聖者像과 성자 제단을 포함한 거의 모든 내부 장식이 파괴되었던 곳으로 유명하다. 이 사건을 계기로 루터는 비텐베르크로 잠깐 돌아와 그 유명한 사순절 설교를 한 것으로 알려져 있다.

교회 안으로 들어가면 비텐베르크 소요 중에 없어지지 않고 남아 있는 500년 된 세례단과 루카스 크라나흐의 유명한 제단화를 볼 수 있다. 루터의 원형 설교대는 루터 하우스로 옮겨져 전시되고 있다. 최초의 개신교 교회 예술이라고도 할 수 있는 크라나흐 부자父子가 1547년에 그린 유명한 종교개혁 제단으로 일명 '크라나흐 제단'이라고 불린다. 중앙에 "아무도 이미 놓은 기초이신 예수 그리스도 밖에 또 다른 기초를 놓을 수 없습니다." 고전 3:11 라는 팻말 아래 개신교의 핵심적인 주제가 4개의 그림으로 이루어져 있다. 유일한 개신교 성례, 즉 세례식와 성만찬과 참회의식을 그린 윗부분과 십자가에 달리신 그리스도를 가리키며 말씀 선포하는 마르틴 루터를 그린 아랫 부분으로 이루어져 있다.

왼쪽에는 신학은 공부했지만 성직 서품을 받지 않은 평신도 멜란히톤이 세례를 주고 있고, 중앙에는 성만찬 그림이 있다. 성만찬에 참석한 이들은 바르트부르크 성에 기사로 위장하고 살았던 루터의 모습, 출판업자 및 몇몇 비텐베르크 마을 사람이 앉아 있다. 성찬의 잔을 나누어 주는 루카스 크라나흐 아들의 옷이 가장 화려한데, 이것은 섬기는 자가 하늘에서 가장 높음을 상징하고 있고, 가롯유다의 발 하나가 밖으로 나와 있어 배반하려는 그의 마음을 보여 주고 있다. 오른쪽에는 부겐하겐이 속죄의식으로 고해를 듣고 있으며 천국 열쇠를 쥐고 있다. 아래의 그림에는 루터가 십자가의 예수님을 가리키며 설교하는 모습과 청중들 가운데 카나리나 폰 보라와 그의 아들과 크라나흐의 모습이 보인다. 그림 뒷면은 위에는 예수님이 부활 장면의 그림이 있고 아래는 지옥의 그림이 있다.

루터의 사순절 설교

1522년 3월 9-16일 사이에 바르트부르크 성에서 비텐베르크로 돌아온 루터가 전한 설교로서 종교개혁은 폭력적인 개혁이 아니라 평화의 개혁이며 말씀의 힘에 의한 것이지 폭력에 의거한 것이 아님을 천명해 열광주의자들과 미성숙한 자들을 자제시키고 비텐베르크의 대소요를 평정시킨 유명한 설교 시리즈이다.

"나의 가르침을 바르게 읽고 이해한 사람들은 폭동을 일으키지 않는 사람들이다. 폭동을 일으키는 사람들은 나에게 배우지 않은 사람들이다."

"모든 사람이 유아기가 필요하지 않습니까? 어린 자녀에게 갑자기 어른이 되라고 강요할 수 있습니까? 아직 일반 사람은 믿음이 갓난아이와 같이 연약합니다. 그들에게 익숙했던 이 모든 것을 부수는 것은 사랑의 행위가 아니요, 비그리스도적이고, 건설적이지 못합니다. 저는 3년 동안의 꾸준한 연구와 묵상, 토론을 거쳐 오늘날의 내가 되었습니다. 하물며 어떻게 일반 사람에게 그 여정을 금방 다 마치기를 기대할 수 있습니까?"

…성화나 상(像) 자체가 악한 것이 아니라 그것이 우상화되어 예배의 대상이 되는 것이 문제입니다. 그들은 해와 달, 별과 같이 예배 대상이 되곤 하지만, 그렇다고 그것들을 하늘에서 뽑아 버리겠습니까? 그림을 부수고 상을 부수는 것이 아니라 우리의 마음속 우상 숭배하는 욕망을 부수는 것이 더 근본적인 것입니다. 성급함과 횡포는 하나님께 대한 신뢰 결여의 증거일 뿐입니다. 저는 기도와 설교밖에 하지 않았습니다만 하나님께서는 큰일을 이루셨습니다. 말씀이 이 모든 일을 해낸 것입니다. 제가 마음만 먹었더라면 보름스를 불바다로 만들어 버릴 수도 있었겠지만, 제가 조용히 앉아서 친구들과 맥주를 마시는 동안 하나님께서는 교황제도에 철퇴를 내리치셨습니다…."

7. 로이코레아(LEUCOREA)-비텐베르크 대학

신흥도시였던 인구 3,000명이 사는 비텐베르크의 자랑거리는 1502년 지혜공 프리드리히 선제후가 세운 "로이코레아"라는 이름으로 불렸던 비텐베르크 대학이다. 지금은 경건주의 대학으로 유명했던 할레 대학과 통합하여 마르틴 루터 대학 할레 비텐베르크 대학이라고 불리며, 본 강의는 할레 대학에서 이루어지나, 로이코레아에서는 학술 세미나 및 여름 강의가 이루어지고 있다.

Leukos 그리스어로 흰색, 엘베 연안의 하얀 언덕에 세워진 것을 상징하여 로이코레아로 불려졌다. 루터의 멘토였던 슈타우비츠 박사가 로이코레아 신학대학장이며 성서학 교수로 재임하고 있었는데, 옆 동네 라이프치히 대

나그네의 단상 9

교회 개혁에 참여하는 개혁자들의 나이는 대부분 30대 초, 중반이며 직책상으로는 중견 성직자의 위치였다. 어떤 면에서 조직을 알면서도 조직의 쓴맛에 의해 단순히 축출되기에는 쉽지 않은 나이와 지위다. 그리고 학문적으로나, 열심으로나 빨리 자라서 인정을 받고 미리 자기 입장을 정립한 사람들이었다. 때가 차매 하나님이 그들의 열심을 쓰셨고 그들은 이런 시대의 부름에 응답했던 것이다. 고위 성직자들은 이미 조직의 단맛에 길들여졌을 뿐 아니라 책임자의 입장이기 때문에 물의를 일으키지 않는다고 느껴진다.

학과 경쟁하기 위해 명 교수를 몰색하던 선제후의 의도를 알아차리고 젊은 루터를 추천하게 된다. 개인 신앙문제로 거의 파멸상태에 있던 루터에게는 너무나 황당한 제안이었으나 뛰어난 멘토였던 슈타우비츠는 이를 통해 루터가 자기 문제를 벗어나도록 도울 뿐 아니라 계속 공부할 기회를 주어 스스로 해결책을 찾도록 유도했던 것이다. 루터는 1508년 겨울, 도덕철학 강좌와 함께, 성서학을 공부하게 되면서 1509년 3월 9일 성서학 학사가 되었다.

슈타우비츠는 박사과정을 더 하기를 권했고 루터는 박사과정 수업료도 없고 능력도 안 된다고 한사코 거절했다. ^{당시 박사학위 수업료가 50굴덴이고 수도사에게는 17굴덴} 슈타우비츠는 선제후에게는 학비 부담을 부탁하고, 루터 설득하기를 중단하지 않았다. 슈타우비츠의 설득으로 선제후 프리드리히 데어 바이제는 학비 부담을 해 주는 대신 루터가 박사가 된 후 평생동안 비텐베르크 대학에서 강의할 것을 요

라이프치히 논쟁

1519년 6월 27일-7월 16일 사이에 라이프치히의 플라이센 성(현재 신시청자리)에서 열린 루터와 에크와의 논쟁은 가톨릭 측과 루터의 공식적인 논쟁이었다. 에크는 루터가 후스의 주장을 말한다며 "이단과 같은 주장을 하면 이단이다."는 논리 대결로 몰아간다. 논리 대결은 루터는 공의회의 권위를 인정할 것인지, 성경의 권위를 따를 것인지로 전개되고, 당시 논쟁은 무승부로 끝났다고 본다. 성주인 게오르그 대공은 에크의 결론을 받아들이고 루터를 이단으로 보고 개혁을 계속 방해한다. 그러나 평민과 일반 시민들, 대학교수 사이에서는 루터의 용기와 태도를 통해서 많은 따르는 자들이 생기게 된다. 이로 인해 루터는 후스에 대해 재발견을 하고, 후스가 죽으면서 예언한 100년 후의 '백조의 외침'으로 인정받게 된다.

구했고, 루터는 이를 수락하여 마침내 1512년 10월 19일 아침에 신학박사 학위를 받았다.

루터가 학위를 받자마자 슈타우비츠는 제자에게 학장자리를 물려주고 떠났고, 루터는 1512년부터 신학교수직을 맡게 되고 수도원에서는 부지부장의 역할을 맡는다. 1514년 시 교회의 설교자로 부름 받고, 1515년에는 비텐베르크의 어거스틴 수도원의 튀링겐과 마이센의 10개 구역을 관할하는 대리지역장/부노회장 Distriktvikar 의 위치를 맡게 된다.

로이코레아에서 5년 간의 강의와 함께 루터 교수는 복음에 깊어지며, 마침내 1517년 95개 논제를 붙이게 되기까지 이르고, 다음 해 로이코레아로 초빙된 멜란히톤과의 세기의 만남이 이루어진다.

로이코레아는 루터와 멜란히톤 강의로 인기가 높았고, 성 교회 문에 95개조를 박은 이후에는 개혁의 중심지로서 유럽 최고의 넝성을 얻게 된다. 그래서 학생들 사이에 "공부를 하려면 비텐베르크를 가고, 놀기를 원하면 다른 곳으로 가라."는 말이 돌았다고 한다.

8. 독일의 스승, 필립 멜란히톤(Philip Melanchthon)의 집

루터의 집에서 시내 쪽으로 2–3분 정도 걸으면 독일의 스승 Praeceptor Germa niae이라 불리우는 '멜란히톤의 집'이 나온다. 후기 고딕 양식의 창문, 둥글게 계단식으로 배치된 지붕으로 건축된 멜란히

◆○ 필립 멜란히톤의 집:
여기 멜란히톤이 살고, 가르치고, 임종하다.

톤 하우스는 비텐베르크에서 가장 대표적인 시민계급 저택 중 하나다.

처음에는 낡은 전통가옥이었으나, 학자를 사랑하는 선제후가 1536년 950굴덴을 들여 멜란히톤을 위해 3층 집을 지어 하사했으며, 그와 그의 가족이 1560년 죽기까지 살았던 집이다. 서로 이웃에 위치하였기에 당시 루터와 멜란히톤의 아이들은 아버지들의 우정에 견주기나 하듯이 집을 오가며 어린 시절을 함께 보냈다고 한다. 뒤뜰로 가면 여러 가지 꽃으로 장식된 아름다운 정원이 나온다.

멜란히톤의 서재

약 400여 점의 역사적인 인쇄물과 그래픽, 회화 작품 등으로 멜란히톤의 삶과 활동을 잘 드러내 주고 있는데, 2층에는 학생을 모아 토론을 나눌 수 있도록 꾸며진 그의 공부방이 있으며, 중앙에 책상과 이것을 중심으로 놓인 벽 의자는 '스승과 제자', '권위와 존경' 이것은 그 당시 스승과 제자의 도리였다. 을 물씬 느끼게 해 주며, 11개의 언어로 제자들과 담화를 나누기도 했다는 학자 멜란히톤의 숨결을 느낄 수 있다.

그의 원래 이름은 필립 슈바르츠에르트 Philipp Schwarzerdt 이다. 당시 습관을 따라 성을 그리스어로 바꾸어 멜란히톤 검은 땅이라는 뜻 이라 불렀다. 1497년 브레텐에서 출생하여 21세 때 그리스어 교수로 와서, 그의 고백대로 루터에게 복음을 배우고 1519년 루터와 함께 라이프치히에서 있었던 토마스 에크 Thomas Eck 와의 논쟁에 동참하면서 개혁운동에 기둥 역할을 하게 된다.

루터에게 성경 원어를 가르치고, 루터가 번역한 성경을 수정하며, 1521년 개신교의 조직신학을 정립한 책 *Loci communes*를 쓰고, 1524년부터 독일의 대학 수업 방향에 대한 제시와 수많은 교재들을 써 나가면서 "독일의 스승"이라는 별명을 부여 받게 된다. 1530년 개신교측의 신학 입장을 정리한 『아우크스부르크 신앙고백서』의 저자로서 루터의 후계자 역할을 한다. 1560년 이 도시에서 죽어 성 교회에 안치되었다. 그와 루터와의 관계는 다음의 말이 증명하고 있다.

그리스어와 라틴어를 배우라. 그리하여 수많은 철학자, 신학자, 역사저자, 강연자, 시인의 작품을 읽을 때 그들의 그림자를 안고 뒹굴지 말고 그 실체를 만나라(멜란히톤이 고전어를 가르치는 첫 강의에서 한 말).

Ad Fontes Zurück zu den Quellen!(원천으로 돌아가라).

9. 루터 하우스

루터 하우스는 루터가 1508년부터 임종 시까지 살았던 집이다.
멜란히톤 집에서 두 집 건너 2분 정도 걸어가면 종교개혁의 현장 중 가장 본산지라 할 수 있는 루터 하우스가 나온다. 원래는 1504-1507년에 선제후 프리드리히 데어 바이제의 지원으로 40명의 성어거스틴 수도사를 위해 지어진 수도원이었다. 그러나 루터가 1508년부터 수도사로 1546년까지 간 살면서 이 집은 종교개혁의 산실로서 그 역할을 담당하였다. 처음에는 수도사로 와서 탑에 위치한 다락방에서 거처하였다. 1513년 무렵 스스로 고백한 대로 "새로 태어나서 활짝 열린 문을 통해 낙원에 이른 것 같았다!"는 개인의 중생을 체험하고 "오직 의인은 믿음으로 말미암아 살리라!"고 개혁의 화두를 찾았던 탑 사건 Turmererlebnis을 체험했던 곳이다. 이 집에서 사는 동안 개인의 회심을 넘어, 성경 원전과 씨름하면서, 복음을 깨

◆◇ 루터 부부

달았다. 95개 논제를 붙임으로 종교개혁이 시작되었다. 개혁 동지들이 모이고, 그들과 함께 구약성경을 번역하며, 종교개혁을 진두지휘하며 세계사를 움직였다. 1525년에는 이 집에서 개혁의 신조대로 수도원을 탈출한 수녀 출신의 카타리나 폰 보라와 결혼을 했

카타리나의 일상생활

최근에 루터 집의 지하실이 다시 발굴되어서 지하실 전체를 카타리나의 일상생활을 주제로 하여 정원의 텃밭을 가꾸는 카나리나, 맥주 빚는 모습, 어린이들과 함께하는 모습을 모형으로 시청각 전시관을 만들어 놓았다. 관광객들이 지나가면 소리까지 나오도록 해서 실감나게 전시되어 있으며 매표소에서 별도로 돌아서 들어가야 하기 때문에 잘 찾아가야 한다.

고, 6자녀와 함께 가정생활과 개혁을 추진했던 곳이다.

카타리나 문 Das Katharinenporta 은 루터 하우스의 정문이다. 1540
년 루터의 57세 생일에 아내 카나리나가 선물한 것으로 알려져 있
다. 카타리나 문의 왼쪽에는 박사 모자를 쓴 루터와 오른쪽으로 루
터 가문의 문장인 장미가 새겨져 있다.

루터 부부

1524년 루터는 이 집을 선제후로부터 하사 받자 집이 너무 크다
고 극구 사양했지만, 결혼 후 아내 카타리나가 제자들을 받아 함께
공동 생활하면 되지 않냐며 남편을 설득했다고 한다. 실제로 루터
하우스는 단순한 가정집이 아니었다. 비텐베르크 학생들을 하숙시
켜 공동생활을 하며, 개혁자 동지들이 모여 작업했다. 오갈 곳 없는
친척들과 페스트로 고아가 된 아이들 20명까지도 받아들였으며, 그
외에도 각처에서 오고 가는 종교개혁의 동지들, 신앙 때문에 파문
되어 거처를 잃어버리고 생명의 위협을 받는 자들이 모여들어 머물
었던 곳이다. 루터 가정의 식탁은 항상 손님들로 가득 차 있었다고
한다. 루터 하우스에서는 대학생들과 유럽 각국에서 찾아오는 이들

루터의 결혼 축제

온 세상을 놀라게 한 수도사 출신의 신랑과 수도원 탈출 수녀와의 결혼식.
농민 전쟁의 폭풍우가 갓 지난 1525년 6월 13일 루터는 수녀였던 카타리나 폰 보라와 혼
인을 맺었다. 이때 루터의 나이는 42세였고 카타리나의 나이 26세였다.

◆◦ 루터의 탁상담화가 나온 식탁

에게 강의도 했지만, 그의 식탁에서 특유의 입담으로 탁상담화를
베풀었던 것은 유명하다.

루터의 탁상담화(Tischreden)

이것은 루터와 그의 제자들이 식사나 학술적인 토론을 가질 때
루터가 행한 이야기들을 제자들이 받아써서 책6권으로 발행한 것이
다. 여기서 우리는 쾌활한 루터, 진지한 루터, 신앙으로 인생을 즐
길 줄 알았던 루터, 한 마디로 말해서 세상에서 신앙의 삶을 멋지게
꾸릴 줄 알았던 한 인간 루터의 수수함을 엿볼 수 있다. 이 책의 자
료는 루터의 속마음을 읽을 수 있어서 보통 식탁에서는 공식적인 입장이 아니
어서 속을 털어 놓는 경우가 많으므로 중요한 역사자료로 분석되고 있다.

카타리나 폰 보라

원래 귀족 가문에서 태어났으나 어머니가 돌아가시자 고모가 수도원장으로 있는 수녀원으로 일찍 들어가게 된다. 수녀원에서 라틴어도 배우고 여러 가지 약초에 대해 배우게 된다. 1523년, 24세의 나이로 님부셴 수도원에 들어오는 레오나드 코페의 마차에 숨어 들어 청어 통에 들어가 8명의 수녀들과 함께 탈출한다. 2년 뒤 당시로서는 상상할 수 없는, 여인이 먼저 루터와 결혼하고 싶다는 의사를 밝혀 루터와 마침내 결혼하게 된다. 당시 수녀들은 지참금은 없었지만 교육 수준이 일반 여성에 비해 상당히 높은 편이었다. 카타리나는 신학에도 흥미가 높아 비텐베르크 학생들은 신학자들과 토론을 즐겨했던 성녀 '시에나'라는 이름을 붙여 "카타리나 폰 시에나"라고 부르기도 했다. 결혼 후 고행으로 건강이 망가져 있던 루터의 건강을 회복시키고, 루터는 책 인세도 받지 않았고, 후원금도 거절했으나 카타리나는 몰래 그것들을 받아 빚도 갚고 낡아빠진 수도원을 수리하여 따뜻한 보금자리요, 학생들에게는 인기 있는 하숙집, 오갈 데 없는 나그네들에게는 피난처로 제공하기 시작했다.

루터 하우스의 식탁의 모습

루터의 집은 아이 여섯뿐 아니라 조카들과 도망쳐 온 수도사들과 수녀, 여행자, 학생, 고아, 개혁 동지, 유명 인사로 보통 24명 정도는 같이 식사를 했고 50명이 넘을 때도 많았다고 한다.

실로 루터 하우스는 위대한 개혁자요, 한 가정의 남편이요 6자녀의 아버지인, 루터가 38년간 살았던 집이었을 뿐 아니라, 종교개혁의 본부였으며, 실천장이었다고 말할 수 있다.

여기에는 루터의 아내, 카타리나 폰 보라의 공로를 결코 간과할 수 없다. 그녀는 수녀원 출생으로 쓰기와 읽기는 물론, 의학과 간호법, 약초 및 맥주 제조법 등 다방면에 뛰어난 여인이었다. 또한 노

◆◦ 루터 하우스 앞에 서 있는 카타리나 폰 보라의 입상

동에도 익숙하여 가축들을 키우고 밭을 가꾸어서 채소를 길러냈고,
돈에 대한 개념이 전혀 없는 남편 루터의 모습을 보다 못해 선제후
를 찾아가서 맥주 제조 허가를 얻었으며, 하숙을 치면서 대식구와

◆° 루터 하우스에 있는 종교개혁사 박물관

손님을 섬기며 집안 살림을 꾸려 갔다.

루터 사후 아내 카타리나의 관할 아래 있던 루터 하우스는 그녀
마저 죽자, 1564년 자녀들이 비텐베르크 대학에 팔아 대학 소유가
된다. 비텐베르크 대학에서 루터 하우스 앞쪽에 증축하여 아우구스
테움Augusteum 이라 불리는 대학 부속 건물을 세웠으며 1816년까지

카타리나의 상복 이야기

루터가 낙심하여 모든 것을 포기하고 좌절할 때 어느 날 카타리나가 상복을 입고 나타났
다. "누가 돌아갔느냐?"라고 묻는 루터의 질문에 그녀는 "하나님이 돌아가셨습니다."라
고 말하였다는 것이다. 이 말을 들은 루터가 화를 내면서 "무슨 쓸데없는 소리를 하냐."
고 소리치자, 그때 그 아내가 말하기를 "만약에 하나님께서 죽지 아니하셨다면 당신이
이렇게 좌절하고 낙심할 이유가 무엇이냐?"라고 루터에게 용기를 주어 다시 일어나게
하였다.

사용하였다. 후에는 개신교 설교자 세미나 Prediger seminar 가 설립되어 사용되었으며 동독시절에도 신학교 형태로 사용되었다고 한다.

통일 후 대대적인 보수작업을 거쳐 현재 루터 하우스 전체가 종교개혁사 박물관으로 쓰고 있다. 박물관에는 많은 부분이 소실됐지만 시 교회에 있던 루터의 설교단, 보름스에 루터가 입고 간 수도복은 원형 그대로 보관되어 있다. 1층과 2층에는 루터의 1512-1545년 생애를 순서별로 1,000여 점이 넘는 종교개혁사의 중요한 원본자료들을 전시해 놓고 있다. 맨 위층에는 수도원 도서관의 모습과 중요 문서들이 전시되고, 루터를 기념하는 메달, 동전, 루터를 기념하는 모든 동상과 기념비에 대한 자료, 심지어 루터를 주제로 한 영상자료까지 종합해서 전시되어 있다.

2층에는 서재나 거실이 원형 그대로 보존되어 있고 그중에는 루터 생존 당시의 창문, 마룻바닥, 나무벽, 자기로 만든 벽난로 그리고 목재가구와 장식들로 꾸며져 있어서 역사적 순간을 체험케 하는 '루터의 방'이 나온다. 큼지막한 루터의 책상과 학생들을 위하여 벽둘레를 온통 긴 의자로 장식한 구조가 인상적이다.

루터의 방

1994년부터 매년 6월이 되면 3일간 www.lutherhochzeit.de 개최된다. 축제기간 동안 비텐베르크는 16세기로 돌아가 도시의 미관장식, 고리의 야시장의 모습, 당시의 대장간이나 공인의 모습이 재현되고,

시민들은 전통의상을 입고 거리는 중세거리로 변신한다. 수공업장에서 옛 장인들이 서 있고, 중세 악기 연주된다. 도시 전체의 종교개혁의 역사적 현장 곳곳에는 떠돌이 행상인들, 수공업자들, 중세 먹거리와 중세 악기 연주가 울려 퍼진다.

엘베 강가의 루터 도시는 축제가 열리는 3일 동안 매년 십만 명의 방문객이 모이며 관광객들은 비텐베르크의 옛 건축물이 보존되어 있는 구역을 따라 오후 2시부터 열리는 축제행진을 보며 환호하게 될 것이다.

전통적인 축제 행진에는 신랑, 신부인 마르틴과 카타리나는 물론 1,000명의 결혼식, 하객들도 함께한다. 3개의 팡파르 기악대, 20개의 음악 밴드, 말, 양, 개, 당나귀, 닭, 거위, 흰 족제비에 달하는 동물도 행진에서 색다른 볼거리다. 8개의 무대 위에서 각 시간대별로 60개 이상의 다양한 행사들이 사람들의 기호에 맞게 기획되어 있다. 역사적 현장에서 중세시대 음악과 춤, 토요일 오후 5시부

나그네의 단상 10

비텐베르크에는 루터와 연결된 2개의 축제 기간이 있다. 여름에 6월 중순에 루터의 결혼일을 전후로 하는 루터의 결혼기념 축제 기간이 있고 10월 31일을 전후로 해서 종교개혁 기념일을 중심으로 하는 축제 기간이다. 주간의 형태에 따라 매년 조금씩 날짜가 달라지기도 한다.

터 루터의 집 마당에서 열리는 루터와 카타리나의 피로연 ^{결혼식 후의} ^{축하 연회}, 슐로스 키르헤 ^{성 교회} 에서의 장중한 파이프 오르간 연주 그리고 마을 광장 무대에서는 대중음악의 공연 등이 준비되어 있다.

　　루터와 부인 사이에는 3명의 아들과 3명의 딸이 있었는데 두 명은 일찍 잃어버렸다. 루터와 카타리나의 나이 차가 16살이나 나지만 나이가 들어갈수록 루터는 카타리나에 대한 존경이 더해 나중에는 아내를 박사님 Frau Doktorin 이라고 부를 정도였다고 한다.

나그네의 단상 11

개신교의 목사가 결혼하여서 부부생활을 하면서 자녀를 키우고 목회를 한다는 것은 후에 독일의 지역 문화와 교육에 큰 영향을 미치게 된다. 목사가 결혼했기 때문에 가정에 대한 모든 아픔과 문제를 이해하고 같이 해결해 나가려고 했다. 독일은 영주의 선택에 의해 개신교 지역이 생기고 교구제가 되기 때문에 시골의 목사관은 그 지역의 문화와 토론의 중심이 된다. 교인들이 쉽게 드나들면서 배우거나, 의논할 수 있는 상담 장소가 된 것이다. 일반 의무교육이 시행되지 않을 때는 시골 목사가 초등교육 교사로서 교육을 담당하기도 했다. 독일의 역사에 크게 영향을 준 많은 이들이 목사관에서 자란 인물들이며 대표적으로 그림형제(할아버지가 목사), 요한나 슈피리(외할아버지가 목사이며 어릴 때 목사관에서 자람 - 『하이디』의 저자) , 알버트 슈바이처 등이 있다. 메르켈 수상도 목사관에서 자랐다.

루터의 결혼생활과 몇 개의 에피소드

내 일생은 인내다. 교황, 이단자들, 아이들 그리고 아내 카티와 더불어 참지 않으면 안 되는 나다.

나 참, 여자들은 입을 열기 전에 주기도문을 외우든지 했음 좋겠단 말이야.

결혼생활의 고통이 이렇게 수두룩해서야 원. 아담과 하와가 900백 년이나 살면서 다투었을 말다툼을 생각해 봐.

1520년에 나온 널리 알려진 루터의 3대 문서

독일 교회 상황의 개선을 위해서 그리스도인 귀족들에게(*An den Adel deutscher Nation von des christlichen Standes Besserung*)

교회의 바벨론 포로상태에 관하여(*Von der babylon. Gefangenschaft der Kirche*)

그리스도인의 자유에 관하여(*Von der Freiheit eines Christenmenschen*)이다.

이 세 문서는 '만인사제설', '교황청의 권위에 대한 재고', '신자의 믿음에 대한 자유'를 공개적으로 제시한 문서다. 이 문서는 교황청에서 금서로 지정되었는데 많은 인쇄업자들이 '95개조 논조'와 같이 출간해서 퍼뜨렸다(자고로 금서는 장사가 된다.). 이를 두려워한 교황이 60일 내에 철회하지 않으면 파문하겠다는 칙서를 내렸고, 곳곳에서 루터 문서를 태워 버리는 사건이 일어난 것이다. 파문칙서를 받은 지 60일 만료일인 1520년 12월 20일, 루터는 자신의 주장을 철회하는 대신 교황의 파문칙서를 소각시켜 버렸다.

결혼 생활을 인격을 닦는 학교로 비유했다.

루터의 음주

그의 맥주 잔에는 눈금이 셋 있었다. 첫 번째 눈금을 십계명으로, 두 번째 눈금은 사도신경으로, 세 번째 눈금을 주기도문으로 이야기했다. 루터의 주량은 주기도문을 지나 맥주찌꺼기까지 이른 것으로 알려져 있다.

10. 루터 참나무(Luthereiche)

루터 하우스에서 나와 콜레기엔 거리의 동쪽 끝에 가면 사거리

나그네의 단상 12

구텐베르크 인쇄기와 종교개혁의 연관성
구텐베르크 활판 인쇄기가 나온 것이 종교개혁에 큰 공헌을 했다고 한다. 당시의 이 신 기술로 개혁적인 문서이 바로 출간되어 널리 퍼질 수 있었고 많은 사람이 보고 홍보를 할 수 있게 된 것이다. 면죄부는 원래 필사본으로 썼는데 이것도 양이 많이 필요하자 인쇄해서 대량 공급했다. 신 기술 활판인쇄라는 것은 도구일 뿐 그것을 잘 활용하는 자가 시대를 지배한다.

가 있고, 북쪽 한 구석에는 큰 참나무가 서 있다. 이 장소는 엘스터 문이라는 성문 앞이었다. 나무 앞에 서 있는 기념 돌에는 "1520년 12월 10일 루터 박사의 행한 일을 기념하면서"라고 적혀 있다. 근처에 있는 병원에서 역병으로 죽은 자들의 옷을 도시 방역을 위해 불태우던 장소였다.

1520년 12월 10일, 루터는 자기의 글이 실린 문서가 이단문서로 정죄를 받고 쾰른, 마인츠 등에서 소각되고 있다는 소식을 들었다. 그래서 비텐베르크 교수와 학생을 이곳으로 초청하여 교황청에서 보낸 파문칙서와 교회법 책을 "네가 하나님의 진리를 혼잡스럽게 만들었기 때문에 너를 영원한 불에 살라 버린다!"며 장작더미 속으로 집어 던졌다. 이것을 행함으로 루터는 교황청의 경고나 위협에도 굴하지 않는다는 것을 분명히 보여 주었다.

전해 오는 바로는 그는 그 다음날 참나무를 심었다고 한다. 현재 참나무는 아우구스부르트 신앙고백서 300주년 기념일인 1830년 6월 25일에 심은 것이다.

프랑크푸르트에서 남쪽으로 약 70킬로미터 내려가면 보름스가 있다. 보름스는 트리어, 쾰른과 함께 독일의 가장 오래된 세 도시 중의 하나다. 현재 라인란트팔츠 주에 있으며 라인 강 서편 쪽에 위치한 항구 도시다. 라인 강변에 위치하여 훈족의 보름스 파괴와 부르군트 왕국의 수도로서 영웅서사시 "니벨룽의 노래"1200년경 의 배경이 되는 도시이며, 루터가 자신을 변호한 보름스 제국회의와 와인의 도시로 유명하다. 그 무엇보다 루터가 황제와 제국 앞에서 열린 청문회에서 개혁철회 요구를 거절하고 자신의 입장을 변호한 장소로 유명하다. 보름스 시로 들어가는 라인 강위로 세워져 있는 니벨룽 다리는 도시의 입구에 세워져 있다.

Ⓐ 볼거리
· 보름스 돔: Andreasstrasse
· 하일스호프: 루터 청문회 장소 Stephansgasse 9
· 루터 기념비
· 니벨룽 박물관과 니벨룽 다리: Fischerpförtchen 10

✈ 여행 안내 사무소
Neumarkt 14
67547 Worms

6장

보름스
황제와 제국 앞에 선 루터

1. 보름스 돔(Worms Dom)

보름스의 카이저 돔인 성 베드로 돔은 주전 1000년에 부흐하르크 주교에 의해 로마네스크식으로 기초를 놓고, 일부 고딕으로 증축되었다. 제단의 지하 공동묘지 카타콤 에는 부르군트 왕국의 왕족들이 안치된 석관이 놓여 있다.

보름스의 옛 성벽 안쪽에는 보름스를 다녀간 수많은 황제, 왕, 고위 성직자들의 모습이 연대별로 모자이크로 장식되어 있다. 당시 신성로마제국 황제 카를 5세의 모습과 그 앞에 섰던 루터의 모습도 있다.

2. 하일스호프

돔 바로 옆, 남쪽에 서 있는 하일스호프 Heyshof 는 중세 주교청과 제국회의시 황제의 숙소였으며 루터의 청문회가 열렸던 곳이다. 1689년 완전히 타 소멸되었고, 19세기 남작 출신이며, 부유한 상인이었던 하일 Heyl 과 그의 부인 소피 Sophie 를 위해 아름다운 정원과 함께 지어진 궁전이다. 하일의 유언대로 지금은 미술 전시관으로 사용되고 있다.

1521년 4월 2일 루터는 비텐베르크에서 보름스를 향해 출발했다. 에르푸르트, 고타, 아이제나흐, 프랑크푸르트를 거쳐 2주 만에 보름스에 도착했다. 루터는 거쳐가는 도시마다 대환영을 받았고, 특히 에르푸르트를 지날 때는 그곳 대학 총장을 비롯, 교수들이 모두 나와 그 대학이 배출한 자랑스러운 졸업생 마르틴 루터를 열렬히 환영하고 축복해 주었다고 한다. 프랑크푸르트에서 긴장한 탓인지 몸이 아프기도 했지만 4월 16일 루터는 보름스에 도착했다. 그는 보름스 성 기사단의 호위를 받으며 환영의 나팔이 울려 퍼지는 가운데 입성했다. 시민들은 모두 거리로 뛰쳐나와 마치 개선장군처럼 루터를 맞이했다. 당시 보름스의 인구는 약 7,000명 정도였는데 4월에 열릴 제국의회를 구경하기 위해 1월부터 방문객 숫자가 도시 인구의 배에 육박했다고 한다.

루터는 친지에게 보낸 서신에서 보름스 입성에 관해서 이렇게 술회했다.

"이날은 제게는 '종려주일'이었습니다."

예수님이 종려주일에 많은 사람의 환영을 받으며 예루살렘에 입성하셨지만 곧 십자가 고난을 당하셨던 것을 상기시킨 것이다.

다음날인 4월 17일 오후 4시 독일 황제가 주재하는 제국회의장으로 안내되었다. 그가 제국회의장으로 안내되어 들어갔을 때 그의 눈길을 끈 것은 책상 위에 진열된 책이었다. 심문관은 책상 위의 책을 가리키며 두 가지 질문을 던졌다.

"이 책은 당신이 쓴 것인가?"

"이 책은 모두가 본인이 쓴 것입니다. 이 외에도 더 있습니다."

"이 책에서 쓴 내용의 사상을 그대로 견지할 것인가? 아니면 취소할 것인가?"

나그네의 단상 13

일설에는 작센 선제후의 "바로 대답하지 말고 시간을 좀 끌어서 대답하라."는 조언을 들어서 시간을 요구했다고 한다. 그렇다면 그는 역시 시대의 흐름을 잘 헤쳐가는 지혜공(Friedrich der Weise: 지혜공 프리드리히는 작센 선제후의 별명이다)다운 조언이었다. 그러나 루터의 마음의 대답은 아직도 숨겨져 있어서 학자들 간의 논란만 일어나고 있다.

"제게 생각할 시간을 주십시오."

순간 회의장은 술렁거리기 시작했다. 루터가 생각을 바꾸려는 것이 아닌가? 황제는 루터의 요청을 수락했고 다음날까지 시간을 주기로 했다. 루터가 왜 그 자리에서 대답하지 않고 생각할 시간을 달라고 했을까? 루터의 마음이 순간적으로 흔들렸을까? 이 문제는 오늘날까지 루터를 연구하는 학자들 사이에 많은 논쟁거리가 되고 있다. 그러나 숙소로 돌아온 루터는 그날 밤 비엔나에 있는 친구에게 이렇게 썼다.

"그리스도께서 살아 계신 한 나는 내가 쓴 글의 한 줄도, 아니 한 글자도 취소하지 않으리라."

"취소할 수 없습니다. 하나님 도와주소서. 아멘!"

다음날 4월 18일 늦은 오후, 루터는 다시 황제 앞에 서게 되었다. 심문관은 어제와 똑같은 질문을 되풀이했다.

"당신이 쓴 글 중에서 취소할 부분이 있는가?"

루터는 주저하지 않고 입을 열었다.

"제가 지금까지 쓴 글은 모두 같은 내용이 아닙니다. 크게 세 종류의 글입니다. 첫째는 기독교 신앙과 크리스천의 삶에 관한 글입니다. 본인을 비난하는 사람들조차도 잘 썼다고 칭찬합니다. 이 글을 취소할 수 없습니다. 두 번째는 교황과 교황 추종자들의 잘못된 가르침을 비판한 글입니다. 이것도 취소할 수 없습니다. 세 번째는 개인을 공격한 글입니다. 때로는 지나치게 가혹한 점도 있었지만 이것도 취소할 수 없습니다."

이때 심문관이 루터의 말을 끊었다.

"간단히 대답하라! 당신이 저술한 책들과 그 안에 있는 잘못된 점을 취소하겠는가? 못하겠는가?"

이 질문에 대해 루터가 대답했다. 그의 대답은 루터의 많은 말 중에서 가장 루터다운 명언으로 꼽힌다.

"나의 양심은 하나님의 말씀에 붙잡혀 있습니다. 저는 취소할 수도 없고 취소하지도 않을 것입니다. 양심에 반하여 행동하는 것은 지혜로운 일이 아니요, 또 안전하지도 않습니다."

루터의 말은 이렇게 끝을 맺었다.

"저는 여기 서 있습니다. 저는 달리 행동할 수 없습니다. 하나님 저를 도와주소서! 아멘!"

루터의 말은 제국회의장을 충격으로 몰아넣었다. 황제도 이제는 로마교황청의 압력을 더 이상 버텨낼 수 없었다. 황제는 교황청 특사가 작성한 문서에 서명할 수밖에 없었다. 이것이 역사적으로 유명한 "보름스의 황제 칙령"이었다.

"루터는 이단자로 정죄 받은 자이다. 그의 책들은 모두 불살라 없애야 한다. 누구도 그를 보호해서는 안 되며 그를 추종하는 자들은 루터와 같이 이단자로 정죄 받을 것이다."

이 칙령으로 10일 만에 루터는 이단자로 정죄 받고 보름스를 떠나야만 했다.

보름스 제국 회의 배경과 내용

1517년 '95개 논제'를 성 교회에 박은 사건 이후 교황청의 입장에서 보면 루터는 뜨거운 감자와 같은 존재였다. 그러나 독일의 많은 제후들이 루터의 편을 들었기 때문에 제재할 수 없었다. 강한 제재를 하지 못한 배경에는 황제권이 교체되는 시대적인 배경이 있다. 막시밀리안 황제가 죽은 후에 새로운 황제를 즉위하기까지 공백 기간이 있었다. 1519년 신성로마제국의 황제로 뽑힌 자는 합스부르크 왕가의 네덜란드 출생인 카를 5세였다. 당시 7명의 선제후(選帝侯-황제의 선거권을 가진 제후) 중에 3명이 종교 제후(마인츠, 트리어, 쾰른 대주교)였기에 선거하는 중에 루터를 재판하기로 교황청과 약속하였다. 황제 선출 후 프랑스와의 전쟁에 말려서 회의 소집을 하지 못하다가 1521년 1월 27일에 보름스에서 제국회의가 열리게 된다. 비로소 카를 5세는 즉위 후 처음 열리는 이 의회에서 당시 사회를 떠들썩하게 했던 루터 문제를 직접 다루겠다는 약속을 지키게 된 것이다. 그래서 황제는 제국의회에 오는 루터의 신변보장을 약속하고 소환장을 보낸다.

독실한 가톨릭 신자였고, 독일 말을 전혀 할 줄 모르면서 '독일의 신성한 로마제국'의 황제가 되어, 독일의 내부 사정에 어두웠던 카를 5세는 '루터 문제'로 교황청과 마찰을 빚고 싶은 생각은 조금도 없었다. 황제는 교황청의 요구를 들어주고 그것으로 루터 문제를 일단락 지으려 했다. 그러나 문제는 그렇게 간단하지 않았다. 제국의회에 참석한 제후들이 반대하고 나선 것이다. 특히 작센 선제후 프리드리히는 확고하게 루터를 두둔했다. 루터에게 자기주장을 밝힐 소명의 기회조차 주지 않고 그를 범법자로 정죄하는 것은 옳지 않다는 것이었다.

황제는 선제후 프리드리히의 의견을 무시할 수 없는 입장이었다. 그가 황제로 선출될 때 프리드리히 선제후로부터 큰 도움을 받았기 때문이었다. 교황청의 반대에도(이들은 바로 궐석 재판을 해서 처형할 것을 요구했다.) 카를 5세는 루터에게 보름스 제국의회에 출석하여 그의 입장을 밝히라는 서한을 보낸다. 이 사실이 알려지자 루터의 친구들은 모두 보름스로 가는 것을 말렸다. 그들은 100년 전 교회 개혁의 기치를 내걸었던 보헤미아(현 체코)의 얀 후스(Jan Hus)가 신변 보장을 받고 갔지만 끝내 잡혀서 화형 당했던 사건을 잘 기억하고 있었다. 후스가 당했던 운명을 루터가 보름스에서 당하지 않으리라는 보장이 없었기 때문이었다. 루터를 아끼는 친지들이 그를 만류할 때 루터는 힘주어 말했다.

"지금은 침묵할 때가 아닙니다. 힘차게 진실을 외칠 때입니다."

"나는 보름스로 가려고 한다. 그곳의 지붕 위에 있는 기왓장의 수만큼이나 마귀들이 많이 있을지라도…."

◆○ 보름스에 있는 루터 기념상

3. 보름스의 루터 기념상

보름스에 있는 루터 기념상은 1865년 6월 25일에 세워진 에른스트 리첼 Ernst Rietschel 의 작품으로 한 눈에 종교개혁의 모습을 가장 잘 보여 주는 기념상이다. 루터를 중심으로 루터 전에 미리 개혁사상을 실천하던 선구자 4명이 둘러 있고 바깥 주위를 루터의 개혁을 지원하던 정치적인 영주들과 그 도시들의 문장이 새겨져 있으며, 루터 동역자들의 모습이 성처럼 둘러 있다. 루터의 기념상으로는 제일 큰 형태다.

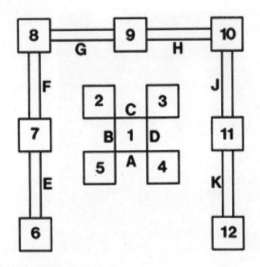

◆○ 루터 기념상 전체 구조도

루터 기념상 전체의 구조도 설명

1. 마르틴 루터

2. 피터 발도 프랑스 개혁자

3. 존 위클리프 영국 개혁자-성경 번역

4. 얀 후스 보헤미아 개혁자-화형

5. 지롤라도 사보나롤라 이탈리아 개혁자. 화형

6. 지혜공 프리드리히 3세 작센 선제후

7. 평화의 종려를 든 아우크스부르크 시 개신교 신조 승인 받음

8. 요하네스 로이힐린 최대 인문학자

9. 저항하는 슈파이어 시 슈파이어 제국회의에 개신교 신조에 저항함으로 프로테

10. 필립 멜란히톤

11. 슬퍼하는 마그데부르크 시 30년 전쟁 피해 상징

12. 용감공 필립 1세 헤센 대공

A. 보름스 제국의회카를 5세 앞에서 담대하게 신앙고백하는 루터

B. 루터의 결혼: 성직자 결혼 오른쪽, 성찬식의 잔을 나눠 줌 왼쪽

C. 95개 논조를 박는 장면

D. 성경 번역, 자국어 설교중심 예배 자국어로 설교하는 루터

E-K에는 종교개혁에 참여한 도시의 문장이 있다.

E. 브라운슈바이크 Braunschweig, 브레멘 Bremen, 콘스탄츠 Kon-
   stanz, 아이제나흐 Eisenach; 아우크스부르크 Augsburg

F. 아이슬레벤 Eisleben, 엠덴 Emden, 에르푸르트 Erfurt, 프랑크프르
   트 암 마인 Frankfurt am Main

G. 슈베비슈할 Schwäbisch Hall, 함부르크 Hamburg, 하일브론 Heil-
   bronn, 예나 Jena; 슈페이어 Speyer

H. 쾨니히스베르크 Königsberg, 라이프치히 Leipzig, 린다우 Lindau,
   뤼베크 Lübeck

J. 마르부르크 Marburg, 메밍겐 Memmingen, 뇌르틀링겐 Nördlingen,
   리가 Riga; 마그데부르크 Magdeburg

K. 슈말칼덴 Schmalkalden, 슈트라스부르크 Straßburg, 울름 Ulm, 비
   텐베르크 Wittenberg

7장

토르가우

작센 주에 있는 현재 인구 2만의 작은 도시이며 엘베 강을 끼고 있어서 일찍부터 강을 통한 교통요지이며 교역의 도시다. 비텐베르크에서 남동쪽으로 50킬로미터 떨어져 있다. 작센 선제후 프리드리히 지혜공의 고향이기도 한 토르가우는 루터 당시에는 인구가 6천 명으로 작센공국에서 가장 큰 도시였으며, 3명의 작센 선제후인 지혜공, 신실공, 대담공이 집무하던 궁이 있는 수도였다. 비텐베르크가 개혁의 신학적인 산실이었다면, 토르가우는 이러한 개혁의 노선을 지지하는 중요한 정치적인 결정이 이루어진 곳이다. 마르틴 루터는 평생 40번을 방문하였는데, 그중에서도 가장 중요한 사건은 선제후 요한 데어 베슈텐데겐의 지시로 멜란히톤와 함께 개신교 신조 Torgauer Artikel: 토르가우 조항 를 작성한 것이다. 이것이 아우크스부르크 신앙고백서 초안이다. 또한 종교개혁의 음악가인 요한 발터와 함께 개신교 예배용 찬송가 지침서와 성가대를 조직한 곳이다.

토르가우는 또한 루터의 아내, 카타리나 폰 보라가 수도원에서 탈출하여 처음으로 머문 곳이며, 마지막 삶을 마친 곳이다. 1552년 비텐베르크에 페스트가 발병했을 때 카타리나 폰 보라가 피신갔다가 마차 사고로 서거한 곳이기도 하다. 임종했던 집과 시신을 안장한 성 마리아 교회가 있고, 선제후의 성과 최초로 개신교 교회로 건축되고 봉헌된 성 교회 Schlosskirche를 볼 수 있다.

나그네의 단상 14

동양은 주로 대학에서만 대표 심볼로 문장을 사용하고 있다. 그러나 서양에서는 개인이나 가문, 단체 대부분이 사용한다. 처음에는 기사들이 적과 자신을 구분하기 위해 방패에 표시를 했기 때문에 이 방패 휘장을 독일어로 봐펜(Wappen: 무기라는 뜻)이라고 불렀다. 루터는 1530년 아우크스부르크 제국의회가 소집되었을 때 코부르크 성에 머물고 있었다. 이때 그는 자기를 후원하고 있던 작센 선제후 프리드리히 데스 그로스뮈티휘로부터 루터 가문의 상징인 "루터 장미"가 그려진, 금으로 입힌 문장을 선물로 받게 되었다. 그 후로 루터는 장미를 현재 전해지는 모양으로 디자인하여 그의 신학의 상징으로 사용하였다.

성 마리아 교회는 종교개혁 전에 마리아를 숭배하는 교회 이름
이지만 작센에서는 대부분 개신교 교회다. 루터가 자주 설교한 곳
이며 카타리나가 묻힌 곳이다. 토르가우의 성 마리아 교회에 카타
리나의 무덤판이 있는데, 이것은 교회 중간의 벽에 세워져 있다.

8장

마르부르크
루터와 츠빙글리의 성찬에 대한 대화(1529년)

헤센대공 필립은 1529년에 마르부르크로 당시 독일어권의 두 개 혁자였던 루터와 츠빙글리를 초청했다. 1529년에 스파이어에서 루터의 개혁 운동을 반대하는 '보름스의 칙령'이 다시 확인되자, 개신교 쪽의 두 큰 흐름인 루터와 츠빙글리의 견해를 합하고 공동적인 대처를 하려고 한 것이다.

이 대화에 참여한 자는 루터와 멜란히톤, 츠빙글리 Huldrych Zwingli 와 마르틴 부처 Martin Bucer 였다. 독일의 루터와 스위스의 츠빙글리의 만남은 처음이자 마지막이었다. 2년 뒤에 츠빙글리는 카펠 2차 전에서 전사했기 때문이다.

중요한 쟁점은 성찬에 대한 견해의 차이였다. 츠빙글리에게 성찬은 교회가 '그리스도를 기념하는 것'이었고, 루터의 입장은 성찬

◆○ 헤센대공 필립의 주선으로 이루어진 성찬 논쟁

에 '그리스도가 임재'한다는 생각이었다.

필립공은 루터와 동행자에게 합의된 선언을 원했고, 개혁의 힘을 모으려고 하였다. 대화는 10월 2-3일에 이루어졌고 성찬에 대해서만 합의된 결론 없이 끝났고 나머지의 부분은 대부분 동의했다. 이때 합의된 '마르부르크 14개조'는 아우크스부르크 신앙고백의 중심에 들어가게 된다.

마르부르크는 헤센대공 용감공 필립이 1527년에 첫 번째 개신교 대학을 창설하여 개신교 사상을 통해 일반 학문까지 감당했던 대학 도시다. 지금도 약 8만 명 되는 도시 인구 중에 2천 명의 학생과 3,4백 명의 대학 관계자가 거주하고 있다.

근처의 기센과 베츨라 Wetzlar 와 함께 이 일대는 지금도 독일 복음주의자들의 집합처럼 되어 있다. 기센 Giessen 에 복음주의자들이 세운 신학교가 있고, 베츨라 Wetzlar 에는 독일 복음방송국 ERF/Evageliumsrundfunk 과 복음주의 교회의 잡지인 *IDEA*가 발간되고 있다.

마르부르크의 성 엘리자베스 교회

성녀 엘리자베스는 남편 사후에 자녀 셋을 데리고 마르부르크에 와서 병원을 세우고 병든 자, 가난한 자를 돌보다가 24세인 1231년에 죽게 되고 1235년에 성녀 칭호를 받는다. 그 시성을 기념하여 지은 교회다. 13세기 고딕양식의 전형적인 모습이다. 엘리자베스의 관이 이 교회에 놓여 있었는데 종교개혁 당시 개신교 교회가 되면서 지나친 성물, 성자 숭배가 문제가 되어서 관의 내용물을 없애버렸다. 빈 관만 남아 교회 한 편에 있다. 이곳도 신·구교가 공동으로 예배를 드리는 오이쿠메네의 장소다.

종교개혁의 5대 신조

Sola Schriptura 오직 성서로: 오직 성서만이 하나님에 대한 앎과 신앙의 원천이다. 그러므로 오직 성서만이 그리스도인들의 말과 행동에 대한 옳고 그름의 판단 기준이 된다.

Sola Gratia 오직 은혜로: 오직 은혜로만, 그 어떠한 각자 개인의 공로 없이, 하나님 앞에 의롭다 함을 받는다.

Sola Fide 오직 믿음으로: 선물로 주어지는, 그리스도 안에 있는 하나님의 말씀을 받아들이는 믿음만이 우리의 구원을 이루어 준다.

Solus Christus 오직 그리스도로: 참 사람이시며 참 하나님이신 예수 그리스도만이, 자신의 십자가의 대속 제물을 통해 단번에 말씀 선포와 성만찬의 성례전을 통해 주어지는 의롭다 함과 거룩함을 허락하신다.

Soli Deo Gloria 오직 주만 영광 받으심: 구원은 오직 하나님만이 시작하시고 완성하시므로 거기에 인간이 참여하는 부분이 없기 때문에 오직 주만이 영광 받으시기에 합당하다.

여기에 한 가지를 더 추가한다면 "만인 제사장" 이론이다.

베드로전서 2장 9절에 근거해 모든 신자들은 하나님께 직접 나아갈 수 있고 말씀과 기도로 다른 신자들을 섬길 수 있는 사제들이다. 이것을 기초로 모든 직업과 사회활동이 하나님을 섬기는 거룩한 사역임을 인정하는 평신도 신학의 기초가 개혁자들을 통해 확립되었다. 그러나 실제적으로 이러한 사상이 교회와 그 당시 사회에서 완전히 받아들여진 것은 아니었다. 오늘날도 아직도 한국 교회는 목사의 사역만이 성직이라는 구 가톨릭의 사상을 답습하고 있다. 후에 경건주의 교회와 진젠도르프의 형제공동체를 통해 많은 부분에서 이 사상이 실천되고 발전되었다.

◆◦ 루터 가문의 문장

루터가의 문장 (Die Lutherrose)과 문장의 의미

1530년 루터는 "내 신학의 상징"이라고 하면서 자신의 문장을
만들었다.

Das erste sollte ein Kreuz sein — schwarz — im Herzen, das seine

natürliche Farbe hätte. Denn so man von Herzen glaubt, wird

man gerecht ··· Solch Herz soll mitten in einer weißen Rose ste-

hen, anzeigen, dass der Glaube Freude, Trost und Friede gibt ···

darum soll die Rose weiß und nicht rot sein; denn weiße Farbe

ist der Geister und aller Engel Farbe. Solche Rose steht im him-

melfarbenen Feld, dass solche Freude im Geist und Glauben ein
Anfang ist der himmlische Freude zukünftig ··· Und um solch ein
Feld einen goldenen Ring, dass solche Seligkeit im Himmel ewig
währt und kein Ende hat und auch köstlich über alle Freude und
Güter, wie das Gold das edelste köstlichste Erz ist.

둘레에 새긴 글자 "Vivit"그가 사신다는 크리스천 신앙의 처음이자
마지막 확신을 담고 있다.

우선 심장 안에 검은 십자가가 있는 것은 십자가에 달리신 이를 마
음으로 믿는 자만이 의롭게 됨이요, 비록 검정 십자가로 육신을 죽
이고 고통을 주지만 이것은 심장의 색조를 그대로 남겨 두고 우리
의 본성을 파괴하지 않으며 죽음을 가져오지 않고 생명을 보호한
다. 이는 의인은 믿음으로, 십자가에 달리신 이를 믿음으로 말미암
아 살기 때문이다.

이 심장이 흰 장미 한 가운데 있어야 함은 믿음이 기쁨, 위로, 평화
를 가져오는 것을 보여 준다. 장미가 붉은 색이 아니라 흰 색인 것
은 성령과 천사들이 흰 색이기 때문이다. 이 평화와 기쁨은 세상의
것과는 다르기에 장미의 색은 희고, 붉은 색이 아니다. 흰 색은 영
들과 천사들의 색깔이기 때문이다. 장미는 하늘 색 뜰 속에 있으면
서 그러한 기쁨과 믿음이 앞으로 도래할 천상의 기쁨의 시작임을

보여 준다. 이 기쁨은 이미 지금 우리의 기쁨 속에 있으며 소망으로 감싸져 있으나 아직 확연히 드러나지는 않았다.

이 모두가 금색으로 둘러싸여 있는 것은 그러한 하늘의 복됨이 영원하고 끝이 없기 때문이며 금이 가장 귀한 금속인 것과 같이 그 하늘의 복됨이 그 어떤 기쁨이나 선보다 더 고귀하기 때문이다.

루터의 생애를 중심으로 한 종교개혁사 중요 연표

1378-1417년 교황청의 분열로 인해 로마 Roma 와 아비뇽 Avignon 에서 서로 반대 교황을 세움-분열 종식

1414-1417년 콘스탄스 Konstanz 공의회-새 교황 마르틴 5세를 세움, 얀 후스 Jan Hus 의 화형, 존 위클리프 John Wyclif 이단으로 정죄 당함

1419-1436년 후스파 전쟁

1431-1449년 바젤공의회 보헤미야 교회의 특수성 인정

1453년 터키에 의해 콘스탄티노플 함락

1471년 식스토 4세 교황, 르네상스 교황 시대의 족벌, 지역벌의 정치

1477년 합스부르크 왕가의 막시밀리안의 부르군트 상속자와 결혼 정책으로 프랑스와 합스브루크 왕가의 상속 전쟁이 시작됨

1483년 11월 10일 마르틴 루터 탄생 아이슬레벤-Eisleben

1484년 마르틴 루터 이웃 동네 만스펠트 Mansfeld 로 이주

1492년 콜럼버스의 서인도제도 발견

1494년 프랑스 왕 샤를 8세의 이탈리아 침공

1498년 사보나롤라가 피렌체에서 이단으로 화형당함

1499년 스위스가 합스부르크 왕가 막시밀리안 로부터 독립

1501-1505년 루터가 에르푸르트 대학에서 공부 Mansfeld, Magdeburg,
　　　Eisenach의 준비과정 후에 진학함

1505년 7월 2일 스토테른하임 Stotternheim 에서 벼락칠 때 서원함

1505년 7월 17일 에르푸르트의 어거스틴 수도원 Augustinerkloster 에
　　　들어감

1507년 루터 성직자 안수를 받음

1510/11년 로마여행 이후 비텐베르크로 가게 됨

1512년 신학박사 학위 받음, 성경 교수 시작, 수도원 분원 책임자

1506-1512년 교황 율리우스 2세의 전쟁

1516년 로테르담의 에라스무스가 그리스어 신약성경 발간, 루터의
　　　『독일 신학』 *Ein Theologia Deutsch* 발간

1517년 10월 31일 95개조 논제를 비텐베르크 성 교회 Schlosskirche
　　　문에 박음

1518년 10/11월 루터가 아우크스부르크의 카예탄 앞에 소환됨, 멜
　　　란히톤 Melanchthon 1497-1560 이 비텐베르크로 오게 됨

1519년 카를 5세가 황제로 선출됨. 7월 루터와 에크 간의 라치프치히 논쟁

1520년 루터의 글 "독일의 그리스도인 귀족에게" *An den Adel deutscher Nation*, "교회의 바벨론 포로상태에 관하여" *Von der babylon. Gefangenschaft*, "그리스도인의 자유에 관하여" *Von der Freiheit eines Christenmenschen* 발간 됨, 교황청의 파문 경고장

12월 10일 파문 경고장과 교회법을 불태움 루터 참나무-Luthereiche

1521년 보름스 제국회의 증언, 보름스 칙령

루터가 바르트부르크에 숨어서 성경 번역 작업 시작함

1526년 카를 5세와 프랑스의 프랑소와 1세의 1차 영토 전쟁, 카를 5세가 1529년까지 스페인에 머물게 됨

1522년 비텐베르크 소요 사건 칼슈타트의 주동으로 성상 파괴, 수도원 심입, 루터가 비벤베르크로 돌아와 수습, 9월 『독일어 신약성경』 발간 *Septembertestament*

1523년 지킹엔 Sickingen 의 주도로 일어난 기사들의 봉기 실패, 울리히 폰 후텐 Ulrich von Hutten 의 죽음 스위스의 Ufenau 뉘른베르크 제국의회

1525년 농민전쟁, 프랑켄하우젠 Frankenhausen 의 격전, 토마스 뮌처의 처형, 6월 13일 그림마의 님부센 수도원에서 탈출한 카타리나 폰 보라와 결혼

1526년 카를 5세에 대항하여 교황이 프랑스와 연맹, 터키의 침공
　　　에 맞서서 헝가리의 모하즈에서 저지함으로 기독교권이 보
　　　호됨

1527년 카를 5세의 군대의 로마의 학살, 1529년까지 2차 카를 5세
　　　와 프랑스의 전쟁

1528년 독일어권에서의 루터파와 개혁파의 견해 차

1529년 6월 스파이어 제국의회, 스위스에 신구교간에 카펠 1차전
　　　시도가 우유죽 화해로 마무리 Kappel am Albis의 Milchsuppen-
　　　stein, 루터와 츠빙글리의 마르부르크에서의 성찬 논쟁, 루
　　　터의 『대소요리 문답서』

1530년 아우크스부르크 제국회의, 지역 신앙양해 조항을 철회함으
　　　로 인해 신교측의 항의 Protestant, 아우크스부르크 신앙고백
　　　서 제출, 루터는 이 기간 코부르크에 있으면서 고백서 작성
　　　을 지도

1531년–1546년 슈말칼덴 Schmalkalden 동맹, 스위스의 카펠 2차 전
　　　투에서 츠빙글리 전사하고 시체 불태움 Kappel의 Zwingli denk-
　　　mal

1532년 레겐스부르크 종교회의, 터키의 헝가리 국경선 침략

1532–1540년까지 황제의 외국 거주

1534년 비텐베르크가 개신교화 됨, 뮌스터의 제세례파 점령, 1525년
　　　정벌되어 멸절될 때까지 저항-일부다처제 등의 퇴폐 현상 영국이 로마의

교황청의 지배에서 벗어나 독자적인 개혁 진행으로 성공회 탄생, 루터의 독일어 성경 신구약 전체 번역됨

1536년 덴마크가 개신교화 됨, 3차 카를 5세와 프랑스와의 전쟁 1538년까지

1539년 브란덴부르크와 작센공국이 개신교화 됨

1540년 헤센공 필립의 이중결혼 문제화, 로욜라의 예수파 수도회의 인준

1541년 레겐스부르크 제국회의, 헝가리 일부 터키 점령, 칼빈의 제네바 종교개혁

1542년 쾰른의 종교개혁, 4차 카를 5세와 프랑스의 전쟁 1544년까지

1543-1544년 뉘른베르크와 슈파이어에서 제국회의

1544-1563년 트리엔트 공의회

1546년 2월 18일 루터 아이슬레벤에서 서거, 슈말칼덴 전쟁 시작

1547년 전쟁에서 개신교측의 패배, 쾰른이 다시 가톨릭화 됨

1552년 제후들이 황제에게 패배 황제군 프랑스와 연합된 작센의 모리츠가 지휘

1555년 아우크스부르크 제국의회, 각 지역의 영주의 결정에 따른 신앙노선을 따름

1556년 프랑스와 5차 전에 패배한 카를 5세의 황제 은퇴, 동생인 페르디난드 1세 황제 즉위

경건주의
여행

Pietism

경건주의 발자취

개혁과 경건 사이에서 보는 나그네 단상

독일 통일이 이루어지기 전에는 많은 사람이 루터의 유적지를 상세히 볼 수가 없었기 때문에 보름스만 보고 지나갔다. 지금도 프랑크푸르트에서 하루나 반나절의 여유밖에 없지만 종교개혁의 유적지를 보려는 사람들이 있다면 보름스를 다녀 보기를 권한다. 보름스는 루터가 10일 정도 밖에 머물지 않았으나 루터의 생애에 "황제와 제국" 앞에 서서 자기의 소신을 밝힌 곳이어서 그의 생애에 가장 극적인 사건이라 할 수 있다. 또 보름스의 루터상의 모습은 종교개혁 전체를 이해할 수 있도록 잘 제시되어 있기도 하다. 루터가 활동한 지역이 대부분 동독지역에 있었고 통일 후에 이 지역이 개방되면서 다양한 루터의 흔적을 찾아볼 수 있게 되었다. 종교개혁사의 내용에서 기술한 양의 비중을 본다면 루터의 생애와 연결된 설명이 절반 정도가 된다. 그만큼 루터의 생애는 극적인 면이 있고 많은 사람이 공감할 수 있으며 흥미 있는 생의 전개가 있다. 칼빈을 숭상하는 개혁파 쪽에서도 종교개혁사에서 루터에게 비중을 둘 수 밖에 없는 이유도 이런 이유 때문이다. 어떤 일이든지 처음 시작하는 사람이 중요하기 때문이다. 동독 시절의 루터 유적지는 그런대로 보존이 잘 되어 있었는데, 그것은 루터의 모습을 "혁명가 루터"의 모습으로 재해석해서 자료를 그대로 유지한 것이다. 또한 1983년 루터 탄생 500주년 기념행사 때에 서유럽의 교회에게도 루터의 유적지를 개방하면서 큰 행사를 진행했다.

경건주의는 시대별로 다음의 세 명의 인물을 중심으로 이해하면 된다. 슈페너(1635-1705년), 프랑케(1663-1727년), 진젠도르프(1700-1760년), 세 명의 살아간 연대를 보면 한 세대 정도의 시차를 두고 겹쳐진다.

하나님께서 세 명을 시차를 두고 태어나게 하셨다. 당시 시대 상황에 맞게 세 명이 세대를 이어가면서 자기가 맡은 일을 하고 후배를 키워서 사역이 이어지게 되면서 전체의 흐름이 유지되었다. 흐름의 전체 기간으로 보면 백 년 동안 지속적으로 이어 가면서 교회사에 영향을 끼친 것이다. 또 이들은 경건을 배우고, 훈련하고, 주위의 사람을 동참시키고, 스스로 실천했기에 그 시대에 엄청난 영향력을 끼쳤다. 한 사람의 경건으로 그치지 않고 시대를 변화시키는 경건으로 진행된 것이다. 참여하는 경건은 시대를 변화시킬 수 있다는 것을 배운다. 이 경건주의의 흐름을 따라서 세 명의 개혁자들이 활약했던 세 도시를 중심으로 여행을 떠나보자.

Cuius regio eius religio(영지별로 종교를 택한다)

아우크스부르크에서 합의된 라틴어로 Cuius regio eius religio라는 표현은 계속 유럽 역사에서 확인된다. 이것은 도시나 영지별로 한 종교를 택하는 것이다. 영주는 원하는 종교를 선택할 자유가 있고 개인으로서는 사는 지역에서 원하는 형태의 예배드릴 수 없을 때는 재산을 두고 도망가는 자유 정도가 종교 자유의 한계였다. 개인적인 종교의 자유가 아니라 집단적인 종교의 자유인 셈이다. 후에 계몽주의를 거치면서 개인의 자유에 대한 인정이 되었을 때에야 한 지역에서 다른 교파의 예배를 허용했다.

1546년 루터가 죽던 해에 슈말칼덴 전쟁이 시작되고 이듬해 개신교의 패배로 끝난다. 만약 루터가 살아 있었다면 엄청난 정신적인 고난과 시련을 당했겠지만, 하나님께서 한 시대를 풍미하는 개혁자로 그를 쓰신 뒤 미리 부르셔서 그 충격을 목격하지 않는 은혜를 주셨다고 본다. 1555년 아우크스부르크 제국회의에서는 각 지역별로 영주의 종교를 따르는 것을 인정한다. 이 기본적인 합의 사항은 1648년 베스트팔렌 조약에서도 반영이 된다.

루터 이후 30년 종교전쟁까지는 임시 절충의 양해 사항으로 Cuius regio eius religio가 이어져 갔으나 사실상 팽팽한 긴장관계가 계속 이어졌다. 프라하에서 일어난 합스부르크 왕가에서 보낸 사자를 창문으로 던져 버린 "창문 던지기" 사건을 발단으로 터지게 된 30년 전쟁은 유럽 전역을 종교라는 명분을 두고 전쟁터로 만들어 버렸다.

1618-1648년에 일어난 30년 종교전쟁은 유럽을 황폐하게 만들

었다. 겉으로는 신앙의 방향이라는 큰 틀을 전쟁의 명분으로 삼았다. 그러나 실제적으로는 왕과 황제, 영주의 주도권과 영토 확장, 약탈의 유혹 등에 휘말려 서로를 죽이고 힘을 내세우고 약탈했기에 피해를 보는 것은 언제나 그렇듯이 수많은 민초들이었다. 더구나 전쟁터가 독일 지역이었기 때문에 독일은 거의 초토화되다시피 한다. 독일의 그 당시 전체 인구가 1,700만 명 정도였는데 3-400만 명이 죽는 피해를 보았다고 한다. 그래서 독일 지역의 어느 곳을 가나 "옛날 30년 종교전쟁 시절에…"라고 시작하는 역사 이야기, 신화, 싸움의 흔적 같은 것이 있다. 얼마나 지긋지긋하게 싸웠으면 그런 표현이 있을까 싶기도 하다.

30년 전쟁을 마무리 하는 조약이 1648년에 뮌스터와 오스나부르크에서 맺어지는 베스트팔렌 조약이다. 이 조약은 유럽에서 최초로 이루어진 국제조약이다.

그 중요한 내용은 ① 영토 조정 ② 스위스와 네델란드의 독립 승인 ③ 종교의 자유에 대한 것이다. 이 베스트팔렌 조약을 통해서 가톨릭 측도 "이단 개신교도들의 박멸"이 불가능함을 알았고, 개신교 측에서도 유럽 전체를 개혁할 수 없다는 것을 인정해야만 했다.

이 30년 전쟁이 지난 후에 새로운 영적 각성이 일어난 것이 경건주의 운동이다. 그래서 이 운동에는 전쟁 후에 비참하게 살아가는 민초들의 문제와 부모를 잃고 헤매는 고아들의 먹고 사는 생존의 문제, 그들을 교육시키는 일에 대한 것도 포함되는 것이다. 교회 내의 개혁에서 일반 사회문제에 대한 개혁까지 적극적으로 참여하고, 평신도까지도 같이 참여하는 참 개혁의 모습으로 발전된다.

1. 프랑크푸르트: 필립 야콥 슈페너(Philipp Jacob Spener 1635-1705), 경건의 아버지, 소그룹 제자 운동

프랑크푸르트는 제국 자유시로서 독자적인 행정권을 가진 도시였다. 다른 지역에서 도망을 오는 망명자들도 돈을 가지고 오면 받아 주고 거주하게 했던 자본의 도시였다. 역사적으로 보면 유대인들도 받아들였고 프랑스에서 도망온 위그노도 받아들였다. 상공업자로서 돈을 가지고 들어오는 자들을 선별해서 시민으로서의 권한을 주었다. 지금도 프랑크푸르트는 금융도시로서 여러 은행과 보험회사들이 집중하는 곳이다. 독일연방은행, 유로뱅크가 주둔하고 독일 각 은행의 본점, 세계 각국 은행의 지점을 가진 도시다.

슈페너는 30년 전쟁 직후의 어려운 상황 속에서, 부익부 빈익빈이 심각한 문제로 등장

◆○ 프랑크푸르트 바울 교회

시내 중심 교구의 교회로서 슈페너가 목회하던 교구에 이후에 지어져 봉헌된 건물이다. 슈페너 시절이 한참 지난 1833년 루터 교회로서 교구 중심에 지어서 봉헌되었고 붉은 사암으로 지어졌다. 내부구조가 확 트여서 회집하기 적합하여 1848년 이곳에서 독일 민주헌법을 의논하는 의회가 모였다. 1944년 전체가 파괴되었으나 전후에 새로 지어져 1948년 5월 18일 독일 민주 모임의 시작한 100년을 기념하면서 다시 봉헌되었다. 그때부터 이 건물은 교회로는 사용되지 않고 국회기념관처럼 쓰여지는 공공적 장소다. 교회 뒤로는 금융도시의 상징답게 코메르츠 은행 본사 건물이 있다.

하는 자본주의 도시인 프랑크푸르트에서 20년 동안 목회했다. 그의 생애의 흐름은 다음과 같다.

1635년 1월 13일 알자스의 리보빌레(Ribeauvillé, 당시 지명 Rapportsweiler)에서 태어남.

1651-1659년 슈트라스부르크 대학에서 철학, 역사, 신학을 공부.

1659-1663년 바젤과 제네바 대학에서 공부함.

1663년 슈트라스부르크 뮌스터에서 설교자로 부름받음.

1664년 요한계시록 9장 13-21절을 해석한 내용으로 박사학위를 받다. 그날 수잔네 에하르트와 결혼하여 그 사이에 열한 명의 자녀가 태어난다. 프랑크푸르트 신학교수와 바퓌서(맨발의 수도조직) 교회 설교사로 부름받아서 일하다. 견신례 신자를 지도하면서 주일성수와 교회 양육에 주력한다. 빈민, 고아, 노동자의 집을 창설하고 사회문제에 적극적으로 참여하게 된다. 그의 설교의 주 내용

『경건한 열망』혹은 『하나님이 원하시는 진정한 복음적 교회로의 나아짐을 향한 진심으로부터의 요구』(*Pia Desideria oder Herzliches Verlangen nach gottgefälliger Besserung der wahren evangelischen Kirche*)라는 긴 제목이다. 이 책은 당시 교회의 문제점을 지적하고 개선방향을 제시한다. 처음에는 아른트를 해설한 책의 부록으로 붙였던 부분을 수정보완하여서 출간된다. 그는 먼저 교회의 문제점을 분석 고발한다. ① 교회의 영적인 지도자들이 진실한 산 믿음이 없음과 ② 그것이 유대인과 가톨릭을 회심시키지 못한다고 고발한다. 다음으로 문제의 처리방향을 제시한다. 그것은 성령이 충만하게 인도하는 초대교회로 돌아가는 것인데 '더 나은 아름다운 복된' 교회가 되는 것이다. 이것은 교회의 구조적인 개혁이 아니라 개인의 믿음의 강화로 이루어지며 미래에 올 하나님의 나라가 아니라 이 땅에선 교회가 나아지는 방향을 제시한 것이다. 다음은 실제 방법적인 여섯 가지의 교회개혁을 위한 처방제시이다(처음 둘은 루터의 방향에서 다음 넷은 아른트의 방향에게서 나온 것이라고 볼 수 있다.). 성직자와 평신도가 때마다 성경을 공부하고 배워 말씀을 풍성하게 하여야 한다. 설교자들을 부지런히 믿음의 훈련을 하고 키워서 열심을 내게 하여야 한다. 필요하면 모든 성도들을 동원할 수도 있어야 한다. 신자를 열심히 훈련하되 신앙은 지식에 있지 않고 형제와 이웃 사랑의 실천에 있다. 진실한 신앙은 논쟁으로 증거되는 것이 아니고 하나님의 사랑을 보여 줌으로 한다. 대학에서 신학교육을 현실적으로 개혁하여 신학과 실천이 연결되어야 한다. 설교는 수사적인 꾸밈이나 말이 중요하지 않고 말씀을 통해 신앙을 길러 주고 말씀에 순종하게 하는 방향으로 선포되어야 한다.

은 매일의 신앙 확인과 규모 있는 경건한 생활이었다.

1670년 목회하면서 구역모임(Collegia pietatis)을 시작하다. 이 소그룹 성경공부의 경험으로 인해 나중에 "ecclesiola in ecclesia"(교회 안의 소교회)라는 주장을 했다.

1675년 『경건한 열망』(*Pia Desideria*)이라는 책을 출판한다. 이 책은 경건주의의 교과서라 불려지기도 하는데 이 책에서 경건주의의 방

◆◇ **프랑크푸르트 바울 교회**: 바울 교회의 외부 벽에 붙어 있는 필립 야콥 슈페너의 상과 왼쪽에는 그의 저서 *Pia desderia* 초판본의 첫면이 있다.
내용: 교회와 사회개혁자, 1666-1686, 프랑크푸르트의 루터 교회 담임목사, 프랑크푸르트에 처음으로 빈민, 고아, 노동자 숙소의 창설자, *Pia desderia*의 저자다.

법과 방향이 제시되기 때문이다. 경건주의는 교회개혁을 통해서 사회개혁까지 방향을 잡아 나갔기 때문에 당시 이 책의 영향은 지대한 것이었다. 이후로 그는 설교집 외에도 1680년에 『신자를 위한 하나님의 일반적인 가르침과 올바른 신학』(*Die allgemeine Gottesgelehrtheit aller Gläubigen und rechtschaffenen Theologen*), 1684년에는 『개신교 믿음의 의』(*Die evangelische Glaubensgerechtigkeit*, 1684)라는 저서를 출간한다.

1686－1691년 드레스덴에 왕실 설교자로 간다. 루터 교회에서 중요한 영향력이 있는 직책을 맡게 된 것이다. 여기서는 소그룹을 만들지 않는다. 이때 프랑케와 만남이 이루어지며 옆 도시인 라이프치히에서 정통 루터파들과 문제가 일어나지만 그는 경건주의의 보호자요, 실천자로서 베를린까지 영향을 미치는 입장이 된다. 작센 선제후 요한 게오르그 3세와 견해의 차이를 극복할 수 없어서

베를린의 성 니콜라이 교회로 부름받아 옮기게 된다.

1694년 개신교 대학인 할레 대학의 창설에 참여한다. 그의 제자이며 동역자인 프랑케(August Hermann Francke)가 중요한 역할을 하게 된 대학이며 그와 함께 이 대학에서 교수한다. 이어 브란덴부르크의 목사직을 받음으로 그의 경건주의적인 영향을 확대한다.

1700년 후에 진젠도르프 백작이 태어났을 때 세례대부가 되며 1705년 2월 5일 베를린에서 소천하다.

2. 할레: 아우구스트 헤르만 프랑케(August Hermann Francke 1663-1727), 교육의 아버지 – 교육 선교 공동체

할레는 자르 Saar 강변에 형성된 도시로서 중세에는 소금을 생산할 수 있는 광천수가 있어서 소금 생산으로 시작한 상공업이 발달한 도시였다. 중세 시절은 소금이 아주 귀한 것이며 상당히 고가를 지불해야 했다. 프랑케는 할레에서 새로 신설된 대학에서 교수로 재직하면서 근교에 있는 교구를 맡아 목회사역을 감당했다. 교구의 부모를 잃고 가난하고 배우지 못한 아이들을 위해서 1695년 한 귀부인의 헌금 7굴덴을 기금으로 해서 자신의 목사관에서 빈민 고아들을 위한 학교를 시작한다. 아주 작게 시작한 이 일은 후에 엄청난 부지와 건물을 가진 교육, 선교, 자립공동체가 되고 수많은 사람들에게 영향력을 끼치는 하나님의 사역이 된다.

1663년 3월 12일 뤼베크(Lübeck)에서 태어남.

1666년 고타(Gotha)로 이주함.

1677-1684년 에르푸르트, 킬(Kiel) 대학에서 신학 공부함.

함부르크, 고타(Gotha) 대학에서 히브리어와 동양언어 공부함.

1685년 라이프치히 대학에서 학위를 받고 히브리어, 성서해석 교수가 된다.

1687년 슈페너와 라이프치히에서 처음으로 만남, 같은 해에 회심을 체험한다.

1688-1690년 성경공부 모임(Collegia Pietas)을 주도하다가 반대자들의 공격으로 쫓겨난다.

1690-1691년 에르푸르트에 목사로 청빙받지만 영성에 대한 의견차로 해임당하고 역시 추방당하여 베를린으로 가서 슈페너와 함께 살면서 왕실 관계자들과 교제한다.

1692년 스승이며 동역자인 슈페너의 권고로 할레 대학의 교수를 맡게 된다(처음에는 그리스어와 동양 언어를 맡다가 나중에 신학교수를 맡는다.). 그리고 할레 근교인 글라우샤(Glaucha) 지역의 담임목사로 일하게 된다.

1695년 한 귀부인의 헌금 7굴덴을 기금으로 해서 목사관에서 빈민 고아들을 위한 학교를 설립하고 같은 해에 고아원을 시작한다. 그중에 실력 있는 아이들을 계속해서 키우기 위해 라틴어학교(Latina)를 시작.

1698년 새로운 고아원 건물 건축을 시작하고 이것이 확장되어서 고아원, 빈민학교, 시민학교, 귀족학교를 포함한 모든 교육시설과 숙박시설을 포함하며, 자립기반이 되는 약방, 병원, 출판사, 서점, 수공업공장, 농지를 가진 거대한 종합재단 시설로 발전한다. 설립 후 30년 만에 이곳은 2,200명의 각종 청소년 교육시설에서 167명의 선생이 강의하고 154명의 고아들과 250명의 대학생을 돌보는 시설로 발전한다. 프랑케 재단으로(Franckesche Stiftungen) 발전한다.

1727년 6월 8일 할레(Halle)에서 죽음.

프랑케의 영향력이 큰 것은 대학에서 신학을 강의하면서 더 나아가 스스로 사회문제에 뛰어들어서 경건을 실천하며 모범을 보인 데 있다. 그는 하나님을 신뢰했고 과감하게 일을 추진했다. 그리고

◆◇ 재단 안쪽에 있는 프랑케와 어린이들의 상
프랑케의 이름 밑에는 "그는 하나님을 신뢰했었다."고
쓰여 있다. 이 동상을 둘러싼 모든 건물과 부지가 프랑
케 재단 소속이다. 재단 구역 안에는 당시부터 있던 고
아원 약국, 칸스타인 성서공회, 라티나(김나지움)와 학
생들을 위한 기숙시설, 유치원부터 성인교육기관까지
모든 과정의 교육시설과 연구소 등이 배치되어 있다.
프랑케 재단 방문시 이곳의 학생식당을 이용하는 것이
좋다. 12-15시까지 여는데 학생식당이기에 가격도 저
렴하다. 방문자 가격도 있어서 학생이 아니어도 식사가
가능하다. 물론 학생증이 있으면 학생 가격으로 먹을
수 있다.

키운 제자들이 자라서 계속해서 교육과 선교의 일을 계승하게 했다. 한 사람의 '이웃의 어린이를 향한 사랑의 마음'이 자라서 엄청난 영향을 나타낸 것이다. 많은 곳을 다니지는 않았어도 그는 30여 년 동안 지속적으로 교육을 통해 하나님의 일을 추진하며 인물을 키워 냄으로 독일 역사에서 누구보다 큰 일을 이루게 된 것이다. 그런 영향력 때문에 루터 이후에 정통파 루터 교회의 본산이던 비텐베르크 대학에서 가지고 있던 독

일의 개신교 신학의 주도권이 할레 대학으로 옮겨진다. 현재도 할레 대학은 "마르틴 루터 대학"이라는 공식 명칭으로 불리워지고 비텐베르크 대학은 할레 대학의 분교 역할을 하고 있다.

현재 재단의 본부 건물로 쓰이는 바이젠하우스 공식명칭이 독일어로

Waisenhaus[고아원]이다. 고아원, 고아원 약방 등으로 '고아'라는 표현을 자랑스럽게 썼다.
건물의 가장 높은 탑 위에는 다음의 성경구절이 적혀 있다.

오직 여호와를 앙망하는 자는 새 힘을 얻으리니 독수리가 날개치
며 올라감 같을 것이요 달음박질하여도 곤비하지 아니하겠고 걸어
가도 피곤하지 아니하리로다(사 40:31).

그 구절 위에 태양을 향해서 성경구절의 두루마리를 차고 나르
는 두 마리의 독수리 상이 있다. 이것은 프랑케 재단의 상징이기도
하다. 당시 고아원을 드나드는 영혼을 격려하는 프랑케의 마음의
격려이자 모든 사람의 영혼을 일으키는 성경구절이다.

현재 독일의 교육 구조와 사상에는 프랑케와 그의 후예들에 의
해서 시작된 방법과 생각에서 온 것이 많이 있다. 실제적인 일을 가
르치는 직업학교 Realschule 는 그의 제자인 헤커 Johann Julius Hecker 가
베를린에서 처음으로 1747년에 시작하면서 제도화되었고, 그 외에
도 모든 아이가 부모의 빈부에 관계없이 초등, 중등, 대학까지 실력
있는 자는 경제적인 부담없이 책임지고 키우는 모습은 그의 이상
과 실천에서 왔다고 볼 수 있다. 프랑케와 황태자 시절부터 간접적
인 교제를 가졌던 프로이센의 '군인 국왕' 프리드리히 빌헬름 1세는
즉위 직후인 1713년 4월 12일, 프랑케를 공식 방문하였다. 좁은 영
토로 시작했지만 후에 독일 통일의 주축이 된 프로이센 왕국의 흥

왕을 위해서 고민하던 왕에게 국민 기초 교육과 군대의 훈련 방향에 프랑케의 조언은 큰 영향을 끼쳤다. 지금으로 말하면 프로이센 왕국 군대의 정훈감 역할을 프랑케가 하게 된 것이다. 이것이 현재 독일의 기초 교육으로 정착되었다고 볼 수 있다. 그의 영향력은 한 세기 후에 할레 대학에 공부하여 영국에 선교사로 갔다가 브리스톨에서 고아를 먹이고 키우던 조지 뮐러 1805-1898 를 통해서 꽃을 피운다. 뿐만 아니라 그는 개신교 최초의 선교사인 지겐발크 Ziegenbalg 를 덴마크 선교를 위해 파송했다.

◆○ 할레광장교회

헨델의 생가

할레는 음악가 헨델이 태어난 도시다. 할레 시내의 한복판 시청광장에 서 있는 헨델 입상에서 걸어서도 별로 멀지 않은 곳에 헨델 생가가 있다. 생가는 박물관으로 쓰이고 있고 봄에는 헨델음악제를 주관하는 행사를 한다. Große Nikolaistraße 506108 Halle (Saale)

◆○ 할레 대학

Tel.(0345) 50090221 haendelhaus.de

헨델의 입상에서 서쪽에서 보이는 교회당은 루터의 유해가 지나가면서 장례식을 치룬 장소다. 루터의 동역자이며 그의 임종을 옆에서 지켜 봤던 유스투스 요나스가 종교개혁을 이루어 나갔던 할레의 중심 교회인 광장 교회 Marktkirche, 성모 교회라고도 부름 이다.

할레 대학(마르틴 루터 대학)

할레 대학은 1694년 설립되었고 독일 계몽주의 시절 중요한 학문적 역할을 했다. 독자적인 건물은 1834년에 가지게 되지만 대학의 명성이 알려져 당시 매년 600-800여 명의 학생이 공부했다.

경건주의 나그네 단상 1

동독 시절의 사회주의 정권이 기독교 공동체에 대한 태도에 대하여
동독의 공산정권(유럽에서는 사회주의 정권이라고 약화해서 부른다.)
시절에 할레의 프랑케 재단과 교육기관들은 철저하게 해산시켜 버렸다.
경건주의에서는 어릴 때부터 가정모임을 통해 집에서부터 말씀을 가르
쳐서 양육하는 모습이 있다. 당시에는 독일어로 교육(Ausbildung 혹은
Erziehung)이라는 현대적 표현보다는 양육, 훈육(Zucht)의 개념으로
표현했다. 그러나 그러한 엄격한 교육에도 개인적인 소질을 중시하고
하나님의 형상을 키우는 개인주의적인 경향과 철저한 신앙에 바탕을 두
고 있다. 이런 것을 어떻게 처리했을까? 유럽의 전역에는 교육기관들은
교회가 시작한 초등, 중등, 대학까지 교육기관이 많이 있었고 공산주의
에서는 교육을 교회에 절대로 맡길 수가 없었다. 대체적으로 교회가 가
진 교육기관의 일반 교육은 금했으며 대학에서도 신학부는 폐지하고 신
학교 형태의 별도 과정만 교회에서 직접할 수 있도록 감시하에서 일부
분 양해를 했다.

프랑케 재단은 도시 한복판에서 독일 전체의 교육에 절대적인 영향을
끼치고 있는 모습이어서 그런지 철저히 금하고 해체해 버렸다. 같은 공
동체인데도 헤른후트 공동체의 교육은 농촌공동체여서 영향력이 약하
다고 느꼈는지 모르지만 방임했었다. 다만 이 출신들이 공적인 직책에
나가서 일할 수 없도록 간접적인 제재를 가했다. 공산 정권하에서는 헤
른후트 공동체도 명맥만 유지하고 공동체와 집에서 교육을 했다. 직장
전선에서 많은 피해를 감수하면서도 아이들을 별도로 국가 교육기관에
맡기지 않고 키운 집도 많았다.

3. 라이프치히 – 교역, 학문의 도시와 토마스 교회

프랑케가 5년 동안 공부하고 첫 번째 목회를 하던 지역인 라이프치히는 할레에서 가까운 이웃 도시다. 개신교 교회음악의 중요한 위치를 차지하는 바흐와 멘델스존이 활약한 곳이기 때문에 교회음악의 이해를 위해서 꼭 들려야 하는 장소다. 라이프치히는 1519년 루터가 에크와 첫 논쟁을 벌린 곳이기도 하다.

라이프치히는 중세부터 유명한 상품견본박람회 Messe가 유명한 교역도시이며 알려진 대학도시다. 교회적으로는 바흐가 27년을 봉직한 토마스 교회가 있다. 여러 가지 볼거리가 많지만 개신교의 입장에서는 토마스 교회와 그 인근을 중심으로 볼거리를 제시한다.

토마스 교회의 성가대 역사는 라이프치히 시의 역사보다 더 오래된 역사를 가졌다. 1212년 오토 4세에 의해서 어거스틴 수도원 안에서 교회음악을 위한 어린이들을 키

◆◦ 토마스 교회

◆○ 토마스 교회 내부

◆○ 토마스 교회 내부

우는 기숙학교가 시작점이다. 이 학교는 종교개혁 이후 개신교에서 받아서 운영했고 지금도 기숙학교의 형태로 운영한다. 교회음악을 위해서 늘 공동 연습을 하여야 하고 금, 토, 일의 교회 순서를 늘 참여해야 하기 때문에 기숙학교로 운영된다. 김나지움 과정 그래서 이들이 방학 때면 집으로 가야 하기 때문에 오히려 여름이나 성탄절 이후의 방학기간이 되면 소년 성가대의 아름다운 음악을 들을 수가 없다.

아우어박스켈러(Auerbachskeller) – 괴테의 파우스트의 배경이 된 음식점

토마스 교회에서 광장의 중앙 구시청에서 가깝게 갤러리 형태의 상가가 있다. 메들러 파사제 Maedler Passage 인데, 이 건물은 상업 도시 라이프치히를 상징하는 갤러리로 시내의 거리가 건물 안에 지붕으로 덮힌 형태의 복도가 있는 길이다. 온갖 명품이 다 있는데 건물 안에 도로 이름이 있다. 이 길의 중간에 있는 지하식당이 괴테에게 『파우스트』의 모티브가 된 아우어박스켈러다.

아우어박스켈러의 입구 지상 복도에는 파우스트를 유혹하는 메피스토의 상과 악마가 학생을 유혹하는 모습의 상이 있다. 거기서 계단을 내려가면 식당이 있다. 식당은 분위기에 비해서 가격이 비싸지 않다. 그러나 유명해서 복잡할 때는 예약을 하는 것이 좋다.

Auerbachskeller Grimmaische Str. 2–4, 04109 Leipzig　Tel. (0341)216100

auerbachs–keller–lepzig.de

게반트하우스(Gewandhaus)

원래 직물인 길드를 위해서 세운 직물회관인 셈인데 이곳에서 1701년에 세계에서 가장 오래된 민간 연주단체인 오케스트라가 연

경건주의 볼거리 단상 1

바흐의 모떼트(음악 예배형의 연주 양식)를 들을 수 있는 시간은 금요일 오후 6시와 토요일 오후 3시에 가는 것이 좋다. 시작 전 30분쯤 전에 도착해서 입구에서 입장권을 겸한 순서지를 적은 돈을 주고 사면 된다. 교회의 예배로 원칙적으로 입장료를 받지 않고 가사와 곡이 있는 순서지를 사는 형태로 하고 있다. 주일예배는 오전 9시 30분에 진행한다. 금, 토,일의 순서에는 토마스 성가대(Thomanerchor)가 있을 때는 늘 연주하지만 방학이나 순회연주를 나갔을 때에는 다른 교회의 성가대가 와서할 수도 있다. 반주로는 기회가 맞으면 멘델스존이 지휘하면서 유명해진 게반트하우스 오케스트라(Gewand haus Orchester) 의 반주를 같이 들을 수가 있다. 성탄절이나 부활절의 특별 칸타타나 주일 저녁에 진행되는 정식 콘서트 프로그램이 되면 정식 입장료를 받고 있다. 오히려 교회의 일반 예배를 겸한 순서를 참가하면 더 경제적이면서 교회 음악의 원형의 모습을 들을 수 있다.

주하면서 음악으로 더 유명해진 곳이다. 여기서 멘델스존이 지휘하면서 세계적인 명성을 가지게 되고 현재도 연주회, 오페라 등이 열리고 있다.

Gewandhaus: Augustplatz 8 gewandhaus.de

그 밖의 라이프치히의 문화적인 볼거리는 다양하다.

멘델스존(Felix Mendelssohn Bartholdy)

1809년 함부르크에서 출생함.

1847년 라이프치히에서 사망함.

멘델스존은 유대인 가문에서 태어나서 9살에 공개 연주를 할 만큼 어릴 때부터 음악의 소질이 있었으며 낭만주의 대표적인 주자이다. 그가 1835년 라이프치히에 와서 게반트 하우스 오케스트라의 지휘를 맡으면서 12년 동안 이곳에서 일하게 되고 바흐를 재발굴 해서 소개한다. 그 사이에 바흐는 사람들에게 잊혀졌는데, 1827년 멘델스존이 난곡이라 는 바흐의 "마태 수난곡"(*Matthäus-Passion BWV 244*)을 연주하며 바흐를 재발견하게 된다. 그는 라이프치히에서 거의 동년배가 되는 슈만도 만나게 되는데 그의 1번 교향곡도 게 반트하우스 오케스트라를 지휘해 초연한다. 그가 살던 집도 음악에 관심 있는 사람은 가 봐야 할 장소다. 멘델스존은 개신교 교회 음악에서 중요한 곡을 많이 작곡했다. 그중에 하나는 종교개혁 기념일 예배 때면 공식음악 프로그램으로 많이 연주되는 교향곡 NO. 5(*Reformation*)이라는 곡이다.

Mendelssohn Haus: Goldschmidtstraße 12 Tel. (0341) 1270 294

mendelssohn-stiftung.de

1. 슈만의 집

   (Inselstr. 18 Tel. (0341) 3939 6205 schmann-verein.de)

2. 라이프치히 대학(괴테와 슈만 등 유명 인사들이 공부한 곳)

3. 니콜라이 교회(독일 통일시 월요기도회로 유명한 교회)

4. 1813년 나폴레옹과 전투에서 이기고 세운 기념비

   Völkerschlachtdenkmal Prager Str., 04299 Leipzig

4. 헤른후트(Herrnhut): 진젠도르프 백작(Nikolaus Ludwig Graf von Zinzendorf) 선교의 선구자, 자비량 선교운동의 모델

헤른후트는 현재 독일과 체코, 폴란드 국경선에 인접한 조그만 동네이다. 인구도 천 명이 넘지 않는 조그마한 시골 동네로 겉으로는 조그만하지만 교회사에 큰 영향을 끼친 곳이다. 지도에서 찾기조차 힘든 헤른후트라는 동네 이름의 뜻은 '하나님의 피난처', '하나님의 오두막'이라는 뜻을 가졌다. 체코의 모라비아에서 온 형제들의 공동체 Moravian Church라는 영어로 일반적으로 알려져 있으나 독일어로는

Losungen(로중엔)

헤른후트에서 출간되는 매일 말씀 묵상 교재인 로중엔(*Losungen*)은 진젠도르프의 제안에 의해서 독특한 방식으로 말씀을 선택한다. 하나님께서 우리에게 주신 말씀을 인위적인 방법을 배제하고 어떻게 찾아내느냐는 것인데 이것을 이들은 제비뽑기(Los)라는 독특한 방법으로 진행한다. 그래서 이것을 Losungen(제비 뽑은 구절이라는 복수 표현)이라고 한다. 후에는 이것을 3년을 내다보면서 공동체의 장로들이 기도하는 가운데 구약 1,600개의 성구를 놓아 두고 제비 뽑기로 선택하고, 거기에 알맞는 신약구절과 성구를 찾아서 덧붙여서 출간한다. 이 해부터 출간한 책자는 현재 278년 판이 진행되어 출간되고 있다. 독일 교회에서는 이 단체가 시작한 모습을 존중해서 이 공동체가 출간하는 로중엔 책자를 교회 전체가 함께 사용한다. 모든 교회가 공동체의 판권을 존중하며 이 공동체의 내용을 받아가거나 책자를 사서 쓴다. 독일의 복음주의자들이 함께 모임을 가지면 오늘의 로중엔을 늘 펼치는 데 매일 같은 구절을 공동으로 읽고 은혜를 나누는 것이다.

이 방법이 이어져서 현대 독일의 경건주의의 한 공동체로 인정되는 다름슈타트에 있는 마리아 자매단에서도 쓰고 있다. 바실레아 슈링크로 시작된 이 공동체를 방문하면 방문자에게 말씀카드를 제시하면서 뽑게 한다. 이것을 오늘 하나님께서 나에게 주신 말씀으로 받아들이는 것이다. 이런 방법이 헤른후트에서 시작된 것이라고 볼 수 있다.

Bruderunität/형제교단이라고 표현함 가 시작할 때 붙여진 것이 이 동네의 이름이 되었다.

이 동네는 1722년 당시 목공이며 공동체의 지도자로 시작한 크리스찬 다비드에 의해서 설계되었다. 시골 동네이지만 공동체의 성격에 맞도록 전체가 기획하여 설계된 마을이다.

헤른후트는 동네 자체가 진젠도르프의 허락으로 시작했으므로 그의 생애를 따라가 보면서 중요한 사건을 중심으로 설명하겠다.

진젠도르프는 1700년 5월 26일 드레스덴에서 백작 가문의 아버지 게오르그 루드비히 라히스그라프 폰 진젠도르프 Georg Ludwig Reichsgraf von Zinzendorf 와 어머니 살로테 유스티나 폰 게르스도프르 Charlotte Justina von Gersdorff 사이에 태어난다. 그가 태어나서 세례를 받을 때 슈페너가 대부가 될만큼 그의 부모와 할머니까지 경건주의에 깊이 마음이 끌린 가정에서 태어났다.

태어난 지 두 달 만에 아버지가 소천하여 어머니는 그를 데리고 외할머니가 있는 영지로 돌아간다. 2년 후에 친할아버지마저 돌아가시자 어머니는 자기 어머니인 외할머니에게 그를 맡기고 다른 가문에 시집을 가게 된다. 백작 가문의 상속자를 데리고 갈 수 없어서 그를 맡기니 그 어린 나이에 백작 가문의 상속자이지만 사실상 고아가 된 셈이다. 외할머니는 프랑케 고아원의 일반 김나지움 교육과정인 라티나라는 기숙학교에 입학시킨다.

외할머니는 평소에 존경하던 프랑케에게 그의 교육을 맡기게 된다. 그는 기숙사에서 거주하며 프랑케와 같이 식사와 공부를 하면서 자라기 때문에 직접 프랑케의 영향을 받는다. 비텐베르크 대학에서 법학을 공부하여 장래를 준비한다. 그러나 그는 이때에도 신학에 깊은 관심을 표했다.

당시의 풍습에 따라서 졸업여행으로 독일과 폴란드, 벨기에, 프랑스와 여러 나라를 방문하면서 견문을 넓힌다. 이런 여행은 당시의 귀족가문에서는 보편적인 형태로 이루어진 여행이었다.

그는 이 여행에서 뒤셀도르프에서 도메니코 페티 ^{Domenico Fette}의 작품 *ecce homo* ^{이 사람을 보라}는 수난 장면의 그림을 보고 평생을 주님의 십자가와 동행하기로 결심하였다. 그의 결단처럼 그의 생애는 이후에 주님의 고난에 동참하면서 경건한 생애를 살게 된다.

1722년 성년이 되어 오버라우리츠의 영지를 받아 관리하게 된다. 이때에 모라비아 지역 ^{현재 체코 지역}에서 신앙 때문에 피난온 사람들이 간청을 하니 자기의 영지를 한 부분을 내어 주어 피난민 공동체를 세우게 한다.

이것이 헤른후트 공동체의 시작이다. 당시에는 모라비아 지역은 가톨릭을 강하게 지원하는 합스부르크 왕가의 지배 영역인데 비엔나의 지배자가 강한 가톨릭 개종 정책을 써서 피난온 사람들이다. 이들의 신앙의 연원은 모라비아 형제교단의 마지막 감독이던 코메니우스를 거슬러서 얀 후스까지 올라간다. 그동안에는 숨어서 예배를 드리는 것이 가능했으나 이제는 개종이냐 도망이냐를 선택해야 하는 입장이 된 것이다. 신앙에 박해 받는 자들을 진젠도르프는 외면하지 않고 자신의 영지에 받아들여서 독자적인 신앙생활을 하도록 허락한 것이다. 그는 이후 이 사건으로 이단 조사를 받으며 평생 동안 망명다니며 경건주의 선교운동을 추진하게 된다. 헤른후트 공동체가 시작되는 날짜는 이때에 나무를 찍어서 건물을 짓기 시작한 1722년 6월 17일을 기준으로 삼는다. 백작이 헤른후트를 처음 방문한 것은 그해 말이었다.

1722년 8월 16일 약혼하고 9월에 로이스 가문의 도로테아 Erd-muth Dorothea Graefin von Reuss 와 결혼하게 된다. 그의 결혼은 좀 독특하게 진행된다. 1721년에 여행 중에 그는 다른 여자가 마음에 들었으나 자기의 가까운 친구와 결혼을 하게 하고 그는 도로테아와 거의 계약 결혼 같은 결혼을 한다. 소위 투사결혼 Streiterehe 이라는 모습인데 사명으로 받은 일을 위해서 철저하게 개인적인 욕망을 버리는 서원을 하고 결혼하는 모습이다. 그의 결혼생활은 이 서원처럼 거의 자식의 교육이나 공동체의 자산관리도 부인에게 맡기고 평생 동안 선교여행을 하면서 하나님의 일을 추진한다.

1722-1727년 드레스덴 왕궁에서 왕실 법률고문으로 일한다.

1727년 헤른후트로 이사한다. 근처인 베텔스돌프의 영지를 사서 백작 성에서 거주하다가 공동체 생활에 같이 참여하게 된다.

1727년 8월 13일 성령의 강한 역사가 헤른후트 공동체에 성찬식

도중에 임한다. 그는 이 체험으로 '구속자를 위한 영혼'을 얻기 위해 서원을 하고 하나님의 일에 뛰어든다. 이를 통해 공동체에는 새로운 예배전례가 생기고, 찬양과 기도 등이 살아난다. 공동체 전체를 위해서 성찬식을 겸한 '사랑의 식사'도 시작되고 공동체의 치리를 위한 방법도 제시된다. 이때까지 진젠도르프는 간접 조언자의 역할이었는데 그 이후는 적극적으로 방향을 제시하고 지도를 하게 된다. 직접 공동체에서 역할은 맡지 않았지만 공동체의 모든 방향과 내용은 진젠도르프의 지도로 이루어졌다.

1731년 매일 말씀 묵상 교재인 헤른후트『로중엔』을 처음으로 발간하다.

1731년 코펜하겐으로 가서 크리스치안 6세 대관식에 참석한다.

1732년 드레스덴 왕실의 조사위원회에 대비해서 영지 전 재산을 부인에게 매도하고 이 해에 카리브 해의 도마스제도에 첫 선교사를 파송한다.

비엔나 합스부르크 가문의 압력에 의해서 작센 왕궁에서 이단조사위원회가 생긴다. 이 위원회는 3차에 걸쳐서 헤른후트 공동체에 대한 조사를 하게 되는데 진젠도르프는 공동체의 존속을 위해서 부인에게 영지 전부를 파는 계약을 해 버리고 자기는 망명객처럼 살아가게 된다. 부인이 공동체의 재정 전체를 책임지고 잘 관리했기 때문에 공동체는 보호되었다.

1734년 신학시험을 통과하여 튀빙엔에서 영적 지도자로 인정을 받고 이듬해에 형제교회의 감독으로 안수받는다.

이것도 공동체를 살리기 위한 방법 중에 하나였다. 독일의 정통 루터 교회 쪽에서는 경건주의의 방법과 공동체의 독특한 모습이 무척 이질적으로 느껴졌기 때문에 계속 이단 시비 문제가 생겼다. 모라비안형제교회라는 이름을 쓰게 된 것도 작센 영주에게 피난민 교회로서의 권한을 강조하기 위해서 피난권을 옹호해서 공동체를 이해하게 하기 위한 이유다. 그래서 영어권에서는 이 공동체의 이름 자체가 모라비안형제교회라는 이름으로 불리운다.

1736년 2차 조사위원회에서 작센지역에서 추방을 결정하여 베터라우 Wetterau 의 론네부르크 Ronneburg 과 마리엔보른 Marienborn 에 '순례공동체' Pilgergemeinde 를 시도한다. 근처에 영주의 양해 아래 땅을 받아서 새로운 공동체를 헤른학에서 시작한다.

1737년 베를린 감독으로 안수받는다.

1738-1750 헤른학 Herrnhaag 이 전체 공동체의 중심 센터가 된다. 진젠도르프는 미국과 여러 지역을 선교하러 다니게 된다.

1738-1739년 카리브해의 서인도제도

1740-1741년 북미 지역

진젠도르프의 일생은 하나님의 일을 위해서 평생동안 쫓겨다니다시피 타 지방, 타국을 전전한 생활이다. 가족들까지 같이 피해 프랑크푸르트 근처의 헤른학 일대에 가서 살게 된 적도 있다. 신앙 피난민을 도와주다가 스스로 난민과 같은 생활을 하면서 선교전선에도 뛰어들어서 일했다. 그에게는 이 땅의 소외나 핍박은 별 문제가 아니었고 어찌하든 주님에게로 영혼이 돌아오는 것이 관심사였다. 국경이나 영주의 경계선을 넘었고, 종족의 경계선도 넘었고, 피부 색깔의 경계선도 넘었으며 자신이 백작 출신의 귀족이었으나 이런 출신상의 고상함도 뛰어넘어서 하나님의 일을 추진하고, 진행하고, 격려하고, 스스로 모범을 보이면서 실천한 경건의 사람이었다.

진젠도르프는 미국을 여행하면서 펜실베니아의 베들레헴 Beth-lehem 과 나사렛 Nazareth 그리고 노스 캐롤라이나의 살렘 Salem 등에 선교부를 설치하였다. 이들의 공동체는 겨우 300명 가량의 피난민들로 시작했었는데 나중에는 해외로 100명 이상의 선교사들을 파송하였다. 당시의 경제나 시대 상황으로는 획기적인 모습이었고 앞서서 하나님의 명령에 순종한 것이었다.

1747년 오버라우리츠에 잠간 머문다.

1749년 3차 조사위원회에서 공동체가 승인된다. 아우크스부르크 신앙고백의 일원으로 인정받는다.

진젠도르프는 공동체가 인정받기까지 자의 반 하나님의 일에 대한 자신의 열정, 타의 반 형편이 좋지 않아서 타국으로 다닐 수밖에 없음 으로 20여 년을 떠돌아다니며 일했고 그 이후에도 영국과 독일 전역을 다니면서 일을 추진했다. 귀족으로 태어난 그가 평생의 대부분은 고된 여행이었고 하나님의 나라를 위해 편안한 생활을 포기하고 다닌 생애였다. 그의 귀족이라는 신분 때문에 그는 그 시대에 수많은 오해와 비난을 무릅쓰고 공동체를 보호하고 방향을 잡고 이끌어 나갈 수 있었다. 공동체의 일을 위해서 지역 영주나 왕과 대화하고 이해를 시키는 일은 그가 나서서 했고, 결국 나중에 인정받고 공인되었다. 그의 온유하고 겸손한 성품으로 설득도 했지만 정확한 하나님의 방향에는 양보하지 않고 기다리며 순종하여 끝내 하나님의 일을 이루었다.

1749-1755년 런던에 거주한다.

1755년 헤른후트로 귀환한다.

1756년 부인 도로테아가 헤른후트에서 사망했다. 둘 사이에 태어난 12명의 자녀 중 8명은 어린 나이에 죽고 아들 레나투스는 25세에 런던에서 죽고, 베니그나, 아그네스, 엘리자벳만 부모 곁에 살아간다.

1757년 두번째 부인 안나Anna Nitschmann와 결혼한다.

안나는 모라비아에서 시장으로 있다가 나중에 공동체의 감독으로 일하게 된 데이비드 니취만의 딸로서 어려서부터 신앙 때문에 감옥에 여러 번 갇히는 어려움도 겪었다. 부모와 함께 피난와서 처음부터 공동체의 일원이 되었고 영성이 풍부한 여자였다. 15살에 공동체의 장로 제비뽑기에 뽑혀서 여 장로로 일했다. 그때 그는 젊은 처녀들을 위한 공동생활을 주도하고 후에 진젠도르프의 부인 옆에서 도우면서 자녀들의 양육을 맡아서 일했다. 평생동안 처녀로서 부인의 옆에 있었기 때문에 여러 가지 소문도 많이 발생했다. 결국 진젠도르프는 자신을 그녀의 아버지에게 입양시킴으로서 '형제자매'로서의 관계를 만들어 근거없는 소문을 막았다. 첫 부인의 사별 후에는 소문을 잠재우기 위해서 그녀와 서류상의 결혼을 하게 되는 것이다. 그의 첫 번째 결혼, 두 번째 결혼 모두가 하나님의 일을 위한 계약같은 결혼을 하게 되는 모습이다.

1760년 4월 4일 진젠도르프는 헤른후트의 공동체에서 마지막 성만찬을 가진 후 5월 9일에 임종하고, 16일에 공동체의 묘지에 안장되고 안나는 21일에 하나님의 부름을 받게 된다.

진젠도르프의 영향이 너무 컸던 탓일까? 모라비안형제교회는 그의 죽음과 함께 루터교 교단과 결별하고 그 이후에는 교세도 더 확장되지 못하고 더이상 많은 선교사들을 계속해서 파송하지는 못하였다. 그러나 이 공동체는 후일에 일어난 선교의 열정에 큰 자극을 주게 된다. 나중에 웨슬리를 회개하게 하고 하나님의 일을 하게 하는 데는 이 모라비안형제교회의 한 무리들이 자극을 주기도 한다. 웨슬리는 모라비안형제교회를 방문하기도 해서 그에게 준 자극은 감리교를 통해서 교회사에 큰 영향을 나타내게 된다.

경건주의는 슈페너, 프랑케, 진젠도르프를 통해서 100여 년 동안 교회사에서 큰 영향력을 끼쳤다. 그들의 마음의 열정과 실천하는 경건은 앞으로도 교회에 자극을 주며 현대에도 선교에서 그 열매를 맺어 가고 있다.

슈페너 목사는 교회 속의 교회라는 화두를 던졌고 프랑케 교수는 고아들에 대한 무상 교육을 통한 하나님 나라의 확장, 진젠도르프 백작은 하나님의 백성과 함께 하는 지도자의 모습을 보여 주면서 근대 선교의 모델을 제시했다. 특히 모라비안 성도들의 자비량 선교 모델은 우리에게 큰 감동으로 다가온다. 그는 일평생 "만일 누구든지 주를 사랑하지 아니하면 저주를 받을지어다."라는 고린도전서 16장 22절 말씀을 붙들고 살았다.

5. 드레스덴: 전쟁의 폐허에서 재건된 문화의 도시

드레스덴은 엘베 강변에 있는 동독에서 가장 아름다운 도시라고 평을 받는다. 그래서 진젠도르프가 태어나고 왕궁에서 집무하던 의의를 살려서 이 도시를 들려본다. 경건주의와 종교개혁사를 보면서 지형상 그냥 지나갈 수 없는 도시이기 때문이다.

원래 엘베 강변에 슬라브족의 어촌으로 시작했던 이곳은 체코의 보헤미야 지역과 강으로 수운이 연결되는 지리상의 이점으로 교역의 도시로 변모한다. 15세기에 작센 왕실이 자리를 잡으면서 18세기에는 문화, 정치, 경제적인 면에서 유럽의 중요 도시로 성장한다. 이 시기에 건설된 모든 시설이 드레스덴의 문화를 대표한다. 독일, 체코, 폴란드의 경계 쪽에 있는 전략적인 도시의 위치상 유럽의 전쟁이 있을 때마다 화를 당하지만 다시 재건된다. 2차 대전이 막바지에 다다른 1945년 2월 12-15일에 맞은 영국항공대의 융단 폭격으로 온 도시가 화염에 싸인 사건은 최근의 사건이다. 2만 5천 명의 희생자가 생긴 전쟁으로 인한 이 도시의 마지막 고통이었다. 2월 15일 성모 교회 Frauenkirche 가 3일간을 불타다 붕괴되는 모습은 가슴아픈 고통이었다. 전후에 독일이 통일될 때까지 이 장소를 경계하는 장소로 폐허로 남겨 두었다가 통일 후인 2005년 10월에, 전쟁의 기억을 극복하고 세계의 모든 사람에게 화해와 용서의 상징으로, 이 도시를 무참히 폭격한 영국의 참여로 다시 복원된다.

젬퍼오페라하우스

드레스덴의 문화의 상징인 젬퍼오페라하우스는 가장 아름다운 오페라 공연장으로 알려져 있다. 오페라 극장과 츠빙거 궁 사이에 서 있는 칼 마리아 폰 베버 Karl Maria von Weber, 1786-1826 의 동상은 베버는 9년 동안 있으년서 오페라를 발전시켰고 이곳의 음악학교의 이름도 그의 이름으로 불리워진다.

Semperoper.de

츠빙거 궁전

츠빙거 궁전 내원 쪽에는 츠빙거는 호로 둘러싸인 요새 궁이라는 뜻이다. 1710-1728년에 선제후인 아우구스트 1세 별명이 强公[강공] 의 명에 의해서 건축기사인 다니엘 푀펠만 Daniel Pöppelmann 과 조각가 페르모저 Permoser 에 의해 이루어졌다. 지금은 대부분이 박물관으로 쓰여지고 있다.

성모 교회와 성 십자가 교회

드레스덴의 대표적인 개신교의 두 교회가 이름은 가장 가톨릭적인 이름이다. 성모 교회와 성 십자가 교회 성모 교회는 불어로 노트르담이라는 의미이다. '그 여인-성모 마리아'에게 바쳐진 성당이라는 뜻이다. 성 십자가 교회는 십자군 전쟁 때 성지에서 십자가 조각을 가져와 보관하면서 붙여진 이름이다. 가톨릭의 성모, 성물 숭배의 대표적인 이름인 셈이다. 그러나 이 교회들은 전부 현재 개신교의 예배를 드리고 있다. 종교개혁 때에 지역 영주인 작센 선제후가 개신교쪽을 택해 개신교 쪽에서 쓰게 된 것이다. Cuius regio eius religio의 대표적인 사례가 드레스덴에 있는 교회의 이름에서 볼 수 있다. 오히려 가톨릭에서 쓰는 교회 Kathedrale 는 폴란드의 왕권 상속 때문에 영주가 뒤늦게 가톨릭으로 개종하여서 나중에 건축되었다.

성모 교회(Frauenkirche)

1726-1743년에 세워졌다가 1945년에 폭격으로 인해 무너진 상태로 두었다가 통일 후에 복원을 시작해서 2005년 다시 봉헌되었다. 프라우덴 교회로 검은 돌이 있던 자리에 새로운 흰 사암 사이에 붙여서 배치했다. 그 앞에 성경을 든 루터 상이 서 있다. 국제적인 화해의 장소로서 늘 개방되고 매일 필요한 프로그램이 진행된다.

frauenkirche—dresden.de

성 십자가 교회

14세기에 성지에서 가져온 십자가 성물을 보관하기 위해서 세워진 교회이나 종교개혁 이후 개신교 예배를 드린다. 이 교회도 전쟁으로 인해 두 번 부서졌다가 2차대전 후에 다시 복구되었다. 700년을 이어온 전통을 가진 성 십자가 성가대가 모테트를 매주 토요일 오후 3시에 연주하는 장소다.

주일예배는 오전 9시 30분에 있다.

kreuzchor.de

kreuzkirche—dresden.de

별첨자료 2

루터와 경건주의를 따라서 여행하는 코스는 여러 가지가 있다. 지금까지 책에 제시된 순서는 루터의 출생부터 성장 과정, 공부하며, 일하는 생애를 따라 기술했고 특별한 장소를 조금 추가하는 형태였다. 이것이 루터의 생애를 이해하는 데 가장 적절한 설명이 된다고 본 것이다. 그리고 경건주의 이해를 위해 2부를 추가한다.

실제로 여행하는 데는 시간과 거리절약을 위해 다음 코스를 추천한다. 주로 한국행 비행기가 내리는 프랑크푸르트에서 출발하는 형태로 일정을 추천한다.

1박 2일 코스

Frankfurt—Eisenach—Erfurt—Wittenberg(1박)—Halle(프랑케 재단과 헨델하우스)—Eisleben—Leipzig(바흐의 토마스 교회와 아우어박스켈러)—Frankfurt

2박 3일 코스

Frankfurt—Marburg—Eisenach—Erfurt(Augustinerkloster 1박 추천)—Stotternheim—Eisleben—Halle—Wittenberg(1박)—Dresden—

Leipzig—Frankfurt

3박 4일 코스

Frankfurt—Marburg—Eisenach(1박)—Erfurt—Stotternheim—Eis-leben—Halle—Wittenberg(1박)—Dresden—Herrnhut—Bastei(독일의 금강산에서 1박)—Leipzig—Wetzlar(괴테의 『젊은 베르테르의 슬픔』 배경 도시) 혹은 Steinau(『그림동화』의 저자인 그림형제의 성장지)—Frankfurt(바흐의 음악과 독일 문학을 덧붙임)

4박 5일 코스

Frankfurt—Eisenach—Erfurt(1박)—Stotternheim—Eisleben—Hal-le—Leipzig—Wittenberg(1박)—Potsdam—Berlin—Dresden—Bastei(독일의 금강산에서 1박)—Terezin(요새형 나치수용소)—Praha 야경을 보고 근처 1박—Plzen—Nuernberg나 Bamberg—Frankfurt(루터와 후스를 덧붙인 코스)

5박 6일 코스

Frankfurt—Eisenach—Erfurt—Stotternheim—Bad Frankenhausen(농민전재의 격전지이며 온천지 1박)—Eisleben—Halle—Leipzig—Wit-tenberg(1박)—Potsdam—Berlin—Dresden—Bastei(독일의 금강산에서 1박)—Praha—Tabor(후스파 전쟁의 요새지)1박—Cesky Krum-

lov—Muenchen—Oberammergau 1박—Neuschwanstein—Fues-
sen—Rothenburg나 Heidelberg—Frankfurt

그 이상의 풀코스를 원한다면 다음의 별첨자료를 참고하길 바란다.

종교개혁사 8박 9일 표준 일정

일자	지역	시간	일정	기타
1일	ICN−FRAU Frankfurt	14:35 − 18:25	인천공항 출발(KAL 비슷한 시간) 프랑크푸르트 도착 프랑크푸르트(슈페너 목회−바울 교회, 첫 국회, 카이저 돔, 뢰머광장) 야경, 1박	LH 713편 기준 frankfurt.de
2일	Frankfurt Wetzlar Marburg Eisenach Erfurt	08:00 − 20:00	베츨라(로테하우스/젊은 베르테르의 슬 픔)−마르부르크(루터와 츠빙글리 성찬 논 쟁)−아이제나흐(바르트부르크, 바흐 생 가, 루터 집)−에르푸르트(돔 , 대학, 어거 스틴 수도원)−어거스틴 수도원(Augustin- erkloster)에서 1박	wetzlar.de marburg.de eisenach.de erfurt.de augustinerkloster.de

3일	Stotternheim Franken-hausen Eisleben Mansfeld Halle Leipzig Wittenberg	08:00 – 21:00	스토테른하임(루터가 벼락 맞은 후 서원한 곳) – 프랑켄하우젠(1525년 농민전쟁 격전지) – 아이슬레벤(루터의 탄생, 사망장소) – 할레(프랑케 재단, 할레 대학, 헨델 생가) – 라이프치히(토마스 교회, 시청, 니콜라이 교회, 아우어박스켈러/파우스트) – 루터의 도시 비텐베르크에서 1박	bad-frankenhausen.de eisleben.de franckesche-stiftungen.de 18시 토마스 교회 음악 예배(모테트) thomaner-chor.de thomaskirche.org wittenberg.de
4일	Wittenberg Potsdam Berlin Grimma	08:00 – 20:00	비텐베르크(성 교회, 시 교회, 루터 집, 크라나흐 집, 멜란히톤 집, 루터 참나무) – 포츠담(산수시 궁) – 베를린(국회박물관 섬, 브란덴부르크 문, 장벽, 샤로텐부르크 궁, 빌헬름기념교회) – 그림마의 님부센수도원 1박	martinluther.de wege-zu-luther.de kloster-nimbschen.de
5일	Dresden Herrnhut Bastei Praha	08:00 – 20:00	드레스덴(츠빙거 궁, 젬퍼오페라, 프라우덴 교회, 성 십자가 교회) – 헤른후트(진젠도르프 백작, 선교공동체) – 바스타이(독일의 금강산) – 체코로 넘어서 프라하(얀 후스 광장, 베들레헴 교회, 궁성, 칼다리, 코메니우스 박물관, 빌라호라, 비트코프 언덕) 프라하 근처 1박	오전 9시 30분 성 십자가 성가대 주일예배 참여 kreuzchor.de Frauenkirche-dresden.de dresden.de Semperoper/오페라 semperoper.de
6일	Praha Plzen München Dachau Augsburg	08:00 – 20:00	프라하 – 플젠 – 뮌헨(시청, 프라우덴 교회, 호프브로이, 올림픽경기장, BMW 본사) – 다하우(나치수용소) – 아우크스부르크(푸거라이, 돔, 아우크스부르크 신앙고백서) – 아우크스부르크 근처에서 1박	praha.cz

7일	Augsburg Füssen Konstanz Zürich Kappel a.A. Luzern Inter-laken	08:00 – 20:00	퓌센(백조의 성), 콘스탄스(후스 화형지), 취리히(대성당/츠빙글리 종교개혁 사역지) 카펠(카펠 1차전/우유죽 화해, 카펠 2차전/츠빙글리 전사)-히르첼(『하이디』 저자 요한나 슈피리의 고향)-루체른(카펠교, 슬픈 사자상)-인터라켄에서 1박	kappelamalbis.ch johanna-spyri-museum.ch
8일	Interlaken Geneve Colmar Kaysersberg	08:00 – 20:00	인터라켄(케이블카로 쉴트호른봉에 올라 융프라우 전망)-제네바(대학, 꽃시계, 칼빈의 종교개혁), 바젤에서 프랑스 국경선을 넘어서 콜마르(박물관/이젠하임 제단)-카이저스베르크(슈바이처의 고향, 박물관)-카이저스베르크에서 1박	interlaken.ch jungfrau.ch schilthorn.ch geneva.ch visit-alsece.com colmar.fr
9일	Strassburg Worms Heidelberg Frankfurt	08:00 – 16:00 / 18:00	알자스의 수도 슈트라스부르크(EU 국회, 마르틴 부처의 종교개혁)-보름스(1521년 루터를 재판한 제국의회)-하이델베르크(싱, 대학, 희생 감옥)-프랑크푸르트 공항으로 직행 / LH712편 18:00 출발	worms.de heidelberg.de
10일	FRA-ICN	12:25	인천공항 도착	LH712 기준

일정의 특징

1. 독일 도착 일정으로 보면 8박 9일이며 한국에서 시작하는 일정으로는 9박 10일의 일정이 된다. 종교개혁사 유적지에 집중해서 진행된다. 독일, 체코, 스위스, 프랑스 4개국을 거치는 일정이다.

목사님이나 선교사 부부가 여행할 때 추천하는 일정이다. 카타리나 연
관 장소

2. 루터 교회에서 음악예배의 진수인 모테트와 주일예배의 성가와
오르겐 음악을 들을 수 있는 중요한 교회 장소와 시간이다.

라이프치히

thomanerchor.de Motette

금요일 오후 6시, 토요일 오후 3시, 주일예배 오전 9시 30분, 오후 6
시이다.

바흐 J. S. Bach 가 25년간 봉직하던 교회다. 기숙학교 형태의 소년 성
가대이다.

드레스덴

kreuzchor.de

음악예배는 토요일 오후 5시, 주일예배는 오전 9시 30분이다.

kreuzkirche–dresden.de

800년 전통을 가진 소년 성가대이다. 성 십자가 성가대이다. 가끔
프라우덴 교회에서 한다.

fraudenkirche–dresden.de

주중에는 매일 12시/Orgelandacht, 오후 6시/Andacht

주일예배는 오전 11시, 오후 6시에 있다.

Konzert Orgel, Chor

거의 매일 오후 6시에 있다.

비텐베르크

stadtkirche—wittenberg.de

주일예배 오전 10시에 있다. 겨울에는 아우구스테움[Augusteum]에서 한다.

schlosskirche—wittenberg.de

매주 화요일 5-10월 오후 2시 30분 오르간 연주 Orgelmusik[30분간]

매주 수요기도회는 정오에 15분간 있다.

헤른후트

herrnhut.de

주일예배는 오전 9시 30분이다.

12박 13일: 유럽 7개국 기준
신앙의 발자취, 통일의 기도

일자	지역	시간	일정	기타
1일	ICN-FRA Frankfurt	14:35 18:25	인천공항 출발 프랑크푸르트 도착 야경 1박	LH 713편 기준
2일	Frankfurt Darmstadt Wetzlar Marburg Alsfeld	08:00 – 20:00	프랑크푸르트(슈페너 목회-바울 교회, 첫 국회, 뢰머 광장)-다름슈타트(마리아자매 단 방문)-베츨라(로테하우스/젊은 베르테 르의 슬픔)-마르부르크(루터와 츠빙글리 성찬 논쟁)을 본 후 근처 알스펠트 1박	darmstadt.de wetzlar.de marburg.de deutsche-maerchenstrasse. de
3일	Eisenach Erfurt Stottern- heim Franken – hausen Eisleben	08:00 – 21:00	아이제나흐(바르트부르크,바흐 생가,루터 집)-에르푸르트(돔 ,대학, 어거스틴 수도 원)-스토테른하임(루터가 벼락 맞고 서원 한 곳)-1525년 농민전쟁의 격전지 프랑켄 하우젠을 거쳐서 루터의 도시 아이슬레벤 에서 1박	eisenach.de erfurt.de augustinerkloster.de bad-frankenhausen.de eisleben.de martinluther.de wege-zu-luther.de

4일	Eisleben Mansfeld Halle Leipzig Wittenberg	08:00 – 20:00	아이슬레벤(루터의 탄생 장소, 사망 장소)-할레(프랑케 재단, 할레 대학, 헨델 생가) 라이프치히(토마스 교회, 시청, 니콜라이 교회, 아우어박스켈러/파우스트)-비텐베르크(성 교회, 시 교회, 루터 집, 크라나흐 집, 멜란히톤 집, 루터 참나무) 비텐베르크 1박	프랑케 재단/ 도시 빈민 고아 교육공동체 franckesche-stiftungen.de thomanerchor.de thomaskirche.org wittenberg.de
5일	Wittenberg Potsdam Berlin Torgau Meissen Dresden Herrnhut	08:00 – 20:00	포츠담(산수시 궁)-베를린(국회, 박물관섬, 브란덴부르크 문, 장벽, 샤로텐부르크 궁, 빌헬름기념교회)-토르가우(카타리나 루터의 무덤) 마이센(도자기 공장)-드레스덴(츠빙거 궁, 젬퍼오페라, 프라우덴 교회, 성 십자가 교회)-드레스덴이나 헤른후트 에서 1박	kreuzchor.de kreuskirche-dresden.de frauenkirche-dresden.de dresden.de semperoper.de
6일	Herrnhut Bastei Terezin Praha	08:00 – 20:00	헤른후트(진젠도르프 백작, 선교공동체에서 예배 오전 9시 30분)-바스타이(독일의 금강산) 체코로 넘어서 테레친(요새, 나치수용소) 프라하 근처에서 1박	헤른후트/ 농촌형 선교공동체 herrnhut.de terezin.cz
7일	Praha Tabor Bratislava Komarom	08:00 – 20:00	프라하(구 시가 광장 1621/6/21, 베들레헴 교회, 궁성-1618/5/23, 칼다리, 코메니우스 박물관, 빌라호라 언덕 1620, 비트코프 언덕 새 시청(1417/7/30)-타보르(후스파의 마지막 저항 장소)를 본 후 슬로바키아의 헝가리 국경을 넘어 코마롬 1박	praguecard..biz muzeum.uh.brod.cz tabor.cz bratislava.sk

8일	Komarom Budapest Esztergom Bratislava	08:00 – 20:00	부다페스트(왕궁, 어부의 성, 마티아 교회, 국회, 영웅광장, 칼빈 교회, 체인다리, 중심가, 치타델레)를 본 후 에스터곰을 거쳐서 브라티슬라바(성, 구 시가, 대학)에서 1박	budapest.hu
9일	Bratilava Wien Salzburg Rosenheim	08:00 – 20:00	비인(중앙묘지, 시 공원, 스테판 돔, 구 왕궁, 쇤브룬)–잘츠부르크(돔, 모차르트 생가, 미라벨 정원)–독일 국경선을 넘어 로젠하임 근처에서 1박	wien.gv.at
10일	Rosenheim München Füssen Konstanz Zürich	08:00 – 20:00	뮌헨(슈바빙거리, 시청, 프라우덴 교회, 호프브로이, 올림픽 경기장, BMW 본사), 퓌센(백조의 성), 콘스탄스(후스 화형지), 취리히(대성당/츠빙글리 종교개혁 사역지), 취리히 근처에서 1박	zuerich.ch tellspiel.ch
11일	Zürich Luzern Kappel a.A. Hirzel Schwyz Altdorf Interlaken	08:00 – 20:00	루체른(카펠교, 슬픈 사자상), 카펠(카펠 1차전/우유죽 화해, 카펠 2차전/츠빙글리 전사), 히르첼(『하이디』 저자 요한나 슈피리의 고향) 수스텐패스(Sustenpass) 고개를 넘어서 인터라켄(케이블카로 쉴트호른 봉에 올라 융프라우 전망), 인터라켄에서 1박	kappelamalbis.ch interlaken.ch johanna-spyri-museum.ch jungfrau.ch schilthorn.ch
12일	Intelaken Geneve Colmar Kaysers- berg	08:00 – 20:00	제네바(대학, 꽃시계, 칼빈의 종교개혁) 바젤에서 프랑스 국경선을 넘어서 알자스 지방의 콜마르(박물관/이젠하임 제단)–카이저스베르크(슈바이처의 고향, 박물관)–저스베르크에서 1박	geneva.ch visit-alsase.com colmar.fr

13일	Strassburg Worms Heidelberg Frankfurt	08:00 – 16:00 18:00	알자스의 수도 슈트라스부르크(EU국회, 마르틴 부처의 종교개혁)–보름스(1521년 루터를 재판한 제국의회)–하이델베르크 (성 ,대학, 학생 감옥)–프랑크푸르트 공항 으로 직행 LH712로 출발	worms,de heidelberg.de
14일	FRA–ICN	12:25	인천공항 도착	LH712 기준

일정의 특징

유럽의 대륙 부분(영국제외) 종교개혁사 유적지를 상세하게 여행하
는 형태다. 독일 도착 일정으로 보면 12박 13일이며 한국에서 시작
하는 일정으로는 13박 14일의 2주간 일정이 된다.